"一带一路"国家知识产权法译丛

斯里兰卡知识产权法

重庆知识产权保护协同创新中心
西南政法大学知识产权研究中心 ◎组织翻译

王广震◎译

易健雄◎校

知识产权出版社
全国百佳图书出版单位
—北京—

图书在版编目（CIP）数据

斯里兰卡知识产权法/重庆知识产权保护协同创新中心，西南政法大学知识产权研究中心组织翻译；王广震译. —北京：知识产权出版社，2025.2. —（"一带一路"国家知识产权法译丛）. —ISBN 978 - 7 - 5130 - 9597 - 6

Ⅰ. D935.834

中国国家版本馆 CIP 数据核字第 2024H7L777 号

内容提要

本书收录了斯里兰卡知识产权法的中文译本，详细介绍了斯里兰卡在知识产权保护方面的法律框架和实施细节，不仅可以帮助学者、法律从业者和企业管理者理解和掌握斯里兰卡知识产权保护的具体措施和政策，而且有助于他们研究和处理在斯里兰卡的法律事务和商业运营。本书可作为知识产权领域从业人员、高校法学院师生的工具书。

责任编辑：章鹿野　周　也　　　　责任校对：潘凤越
封面设计：杨杨工作室·张　冀　　　责任印制：刘译文

斯里兰卡知识产权法

重庆知识产权保护协同创新中心
西南政法大学知识产权研究中心　组织翻译
王广震　译
易健雄　校

出版发行：知识产权出版社有限责任公司	网　　址：http://www.ipph.cn
社　　址：北京市海淀区气象路 50 号院	邮　　编：100081
责编电话：010 - 82000860 转 8338	责编邮箱：zhluye@163.com
发行电话：010 - 82000860 转 8101/8102	发行传真：010 - 82000893/82005070/82000270
印　　刷：三河市国英印务有限公司	经　　销：新华书店、各大网上书店及相关专业书店
开　　本：720mm×1000mm　1/16	印　　张：7.75
版　　次：2025 年 2 月第 1 版	印　　次：2025 年 2 月第 1 次印刷
字　　数：124 千字	定　　价：80.00 元
ISBN 978 - 7 - 5130 - 9597 - 6	

出版权专有　侵权必究

如有印装质量问题，本社负责调换。

序　言

　　自我国于 2013 年提出"一带一路"倡议以来,我国已与多个国家和国际组织签署了 200 多份合作文件。"一带一路"倡议的核心理念已被纳入联合国、二十国集团、亚太经济合作组织、上海合作组织等诸多重要国际机制的成果文件中,成为凝聚国际合作共识、持续共同发展的重要思想。国际社会业已形成共建"一带一路"的良好氛围,我国也在基础设施互联互通、经贸领域投资合作、金融服务、人文交流等各项"一带一路"建设方面取得显著成效。国家也号召社会各界对加入"一带一路"建设的各个国家和国际组织的基本状况、风土人情、法律制度等多加介绍,以便相关人士更好地了解这些国家和国际组织,为相关投资、合作等提供参考。

　　基于此背景,重庆知识产权保护协同创新中心与西南政法大学知识产权研究中心(以下简称"两个中心")响应国家号召,结合自身的专业特长,于 2017 年 7 月启动了"一带一路"国家知识产权法律的翻译计划。该计划拟分期分批译介"一带一路"国家的专利法、商标法、著作权法等各项知识产权法律制度,且不做"锦上添花"之举,只行"雪中送炭"之事,即根据与中国的经贸往来、人文交流的密切程度,优先译介尚未被翻译成中文出版的"一带一路"国家的知识产权法律制度,以填补国内此类译作的空白。确定翻译方向后,两个中心即选取了马来西亚、斯里兰卡、巴基斯坦、哈萨克斯坦、以色列、希腊、匈牙利、罗马尼亚、捷克、澳大利亚等十国的专利法、商标法、著作权法作为翻译对象。第一期的专利法、第二期的商标法、第三期的著作权法翻译工作已经完成,并先后于 2018 年 10 月、2021 年 7 月、2023 年 7 月各出版两辑。六辑译作出版后,得到了良好的社会评价,《中国知识产权报》在 2022 年 1 月 14 日第 11 版和 2023 年 8 月 18 日第 11 版分别对该译作作了专题报道。

2018 年 10 月至今，十国知识产权法多有修订之处，同时为了方便读者集中查询一国专利、商标、著作权等知识产权法律规定，两个中心随即以前三期翻译工作为基础，启动了第四期以国别为单位的翻译工作，并确定由各国专利法、商标法、著作权法的原译者分别负责该国知识产权法律的译介工作，包括根据相关法律最新修订文本重新翻译、对该国的知识产权法律状况作一整体的勾勒与评价等。该项工作历经前期整理、初译、校对、审稿、最终统校等多道程序后，终于完成，以国别为单位分成十本图书出版，"国名 + 知识产权法"即为书名。

众所周知，法条翻译并非易事。尽管译校者沥尽心血，力求在准确把握原意基础之上，以符合汉语表达习惯的方式表述出来，但囿于能力、时间等各方面因素，最终的译文恐仍难完全令人满意，错漏之处在所难免。在此恳请读者、专家批评指正。无论如何，必须向参与此次译丛工作的师生表示衷心的感谢。按国别对译者记录如下：牟萍（马来西亚），王广震（斯里兰卡），马海生（巴基斯坦），田晓玲、陈岚、费悦华（哈萨克斯坦），康添雄（以色列），廖志刚、廖灵运（希腊），秦洁、肖柏杨、刘天松、李宇航（匈牙利），郑重、陈嘉良、黄安娜（罗马尼亚），张惠彬、刘诗蕾（捷克），曹伟（澳大利亚）。此外，易健雄老师承担了此次翻译的主要组织工作，并为译稿作了最后的审校。最后，感谢知识产权出版社的大力支持，使译稿得以出版。

2024 年是共建"一带一路"奔向下一个金色十年的开局之年。唯愿这四期"一带一路"国家知识产权法律翻译工作能为"一带一路"的建设稍尽绵薄之力，在中国式现代化建设中实现两个中心的专业价值。

重庆知识产权保护协同创新中心
西南政法大学知识产权研究中心
2024 年 11 月 26 日

前　言

自我国于2013年提出"一带一路"倡议以来，我国与加入"一带一路"建设的各国设施联通、国际贸易、政策沟通更加紧密、畅通，"一带一路"建设对促进我国乃至全球经济、政治、文化交流发挥了巨大作用。

为加强对"一带一路"建设各国知识产权法律制度的介绍，重庆知识产权保护协同创新中心和西南政法大学知识产权研究中心启动了"一带一路"国家知识产权法律文本的翻译计划。译者有幸承担了斯里兰卡知识产权法的翻译工作，2017年至今分别完成了斯里兰卡知识产权法中的专利法（含外观设计）、商标法（含地理标志）和版权法（含集成电路布图设计）三个部分。

在译者看来，已经完成翻译的译文尚存有一些遗憾。一是因为斯里兰卡的官方语言为僧伽罗语和泰米尔语，译者翻译斯里兰卡知识产权法所参照的文本是从世界知识产权组织官方网站下载的英语文本，其中不可避免地存在语义误差，而二次翻译后可能会进一步偏离原义。二是译者在力求准确把握法律文本原意基础之上参照我国的专利法、商标法、著作权法中的法律术语、概念等进行翻译。不同国家的知识产权法律制度和专业术语虽有大同，但小异更多，难免出现无法一一对应的情形。译者虽然依据自己的理解与斟酌选择相关词语进行表述，但事后看来难免有不够准确之处，不少表达也不太符合中文的语言习惯，给阅读带来了一定的障碍。三是在翻译时，由于本书的组织翻译者强调译文应尽可能与原法律文本的表述相符，因此直译的情况较多，且各部分中只有第1部分有标题。但直译恐较难体现出中文语境下法律规定本身的精义，且在一定程度上限制了译者以知识产权法理论对译文的解读。

斯里兰卡是少数制定了知识产权法典的国家。现行的斯里兰卡知识产权法除了专利、商标和版权三个方面的核心内容，还包括商号、不正当竞争、商业秘密、咨询委员会的组成和权力、申请和诉讼、知识产权犯罪等实体和程序性内容。另外，斯里兰卡议会于2018年3月、2021年1月和2022年3月分别对其2003年第36号知识产权法进行了修正，成果分别被称为2018年第7号法、2021年第8号法和2022年第8号法，均增补、废除、修改了不少内容，尤其是在版权和地理标志方面。

鉴于上述原因，译者希望借助此次整理翻译的机会，校正和补充斯里兰卡知识产权法的译文，使表达更准确，更符合知识产权法的基本规则。

需要说明的是，本书所使用的斯里兰卡知识产权法英语文本（Act No. 36 of 2003）来源于世界知识产权组织官方网站，文本的制定日期为2003年11月12日。本书定稿时又与斯里兰卡知识产权局官方网站发布的斯里兰卡2018年第7号法、2021年第8号法和2022年第8号法的英语版本进行了核对。

本书的翻译及出版得益于重庆知识产权保护协同创新中心和西南政法大学知识产权研究中心的大力支持。感谢李雨峰教授给予译者参加"'一带一路'国家知识产权法译丛"翻译的机会。感谢易健雄老师、牛奔林老师对本书出版付出的辛勤劳动。感谢两位研究生的辛苦付出：陈莉翻译了第2部分的初稿，张银龙翻译了第8部分、第10部分和第11部分的初稿。感谢知识产权出版社的编辑对本书的精心编辑及校正。感谢所有关心和支持本书出版的朋友和老师。

囿于能力等各方面原因，译文仍可能有所错漏，恳请读者和方家批评指正。

王广震
2024年1月14日于重庆

译者简介

王广震，法学博士，西南政法大学副教授、硕士研究生导师，西南政法大学知识产权研究中心研究员，重庆知识产权保护协同创新中心研究员，重庆市法学会知识产权法学研究会会员。研究方向为知识产权法、民商法。讲授"知识产权法""知识产权管理""知识产权诉讼专题""知识产权案例评析""商业秘密法""娱乐法""网络法专题"等课程。出版专著《注册商标无效制度的价值及实现》。在《西南政法大学学报》《重庆邮电大学学报》《西安电子科技大学学报》《西南知识产权评论》等期刊发表学术论文多篇。主持、参研国家社会科学基金项目、省部级课题、横向科研课题等十余项。

出版说明

重庆知识产权保护协同创新中心和西南政法大学知识产权研究中心于2017年组织开展了"一带一路"建设主要国家知识产权法律法规的翻译工作，形成了这套"'一带一路'国家知识产权法译丛"，凝聚了两个中心众多专家学者的智慧和心血。

本套丛书采用国家分类的编排方式，精选"一带一路"建设主要国家最新的知识产权法律法规进行翻译，包括著作权法、专利法、商标法等，旨在为中国企业、法律工作者、研究人员等提供权威、准确的法律参考，助力"一带一路"建设。然而，由于各国法律体系、文化背景、语言习惯上的差异，其知识产权法律法规的翻译工作也面临着诸多挑战，例如有些国家法律文件的序号不够连贯。有鉴于此，在本套丛书翻译和编辑出版过程中，对遇到的疑难问题、文化差异等，会进行必要的注释说明，帮助读者更好地理解原文。本套丛书翻译过程中始终坚持以下原则。

第一，以忠实原文为第一要义，力求准确传达原文含义，避免主观臆断和随意增减。在翻译过程中，各位译者参考了大量权威法律词典、专业文献和案例，确保术语准确、表述规范。

第二，充分尊重各国法律体系和文化背景的差异，在忠实原文的基础上，尽量保留原文的语言风格和表达方式。

第三，在保证准确性的前提下，力求译文通顺流畅、易于理解，方便读者阅读和使用。

真诚期待各位读者对本套丛书提出宝贵意见。

目 录*

第1部分 管理机构 …………………………………………………… 2
第2部分 …………………………………………………………………… 4
 第1章 版 权 ………………………………………………………… 4
 第2章 邻接权 ……………………………………………………… 14
第3部分 ………………………………………………………………… 21
 第3章 外观设计 …………………………………………………… 21
 第4章 外观设计保护权 …………………………………………… 22
 第5章 申请外观设计登记的要求和程序 ………………………… 23
 第6章 外观设计登记的期限 ……………………………………… 27
 第7章 外观设计登记所有人的权利 ……………………………… 27
 第8章 外观设计登记申请及登记的转让和转移 ………………… 28
 第9章 外观设计许可合同 ………………………………………… 29
 第10章 外观设计登记的放弃与无效 ……………………………… 31
第4部分 ………………………………………………………………… 33
 第11章 定 义 ……………………………………………………… 33
 第12章 专利权 ……………………………………………………… 34
 第13章 申请授予专利权的要求和程序 …………………………… 35
 第14章 专利权的期限 ……………………………………………… 41
 第15章 专利所有人的权利 ………………………………………… 42
 第16章 专利申请及专利的转让和转移 …………………………… 44
 第17章 专利许可合同 ……………………………………………… 45

---

* 此目录由本书收录的法律文件正文提取，序号遵从原文，仅便于读者查阅。——编辑注

第 18 章	专利的放弃和无效	47

第 5 部分 ... 49

第 19 章	商标和商号	49
第 20 章	可注册的商标	50
第 21 章	申请注册商标的要求和程序	53
第 22 章	商标注册的期限	57
第 23 章	注册商标所有人的权利	58
第 24 章	商标申请及注册的转让和转移	59
第 25 章	商标许可合同	59
第 26 章	商标注册的放弃和无效	61
第 27 章	商标注册的撤销	62
第 28 章	集体商标	63
第 29 章	证明商标	65

第 6 部分 ... 68

第 30 章	商　　号	68

第 7 部分 ... 69

第 31 章	集成电路布图设计	69

第 8 部分 ... 76

第 32 章	不正当竞争和商业秘密	76

第 9 部分 ... 79

第 33 章	地理标志	79
第 33A 章	颁发登记证书和地理标志登记簿	83
第 33B 章	登记所有人的权利和地理标志登记管理	83
第 33C 章	地理标志登记的撤销	84
第 33D 章	外国地理标志	85
第 33E 章	其他事项	85

第 10 部分 ... 86

第 34 章	咨询委员会的组成和权力	86

第 11 部分 ... 88

第 35 章	向局长和法院提出申请和诉讼	88
第 36 章	登记代理人	93
第 37 章	基　　金	94

第38章 犯罪及罚则 …………………………………………… 94
第39章 规　　章 ……………………………………………… 103
第40章 修正1996年第10号省高等法院法（特别规定）………… 104
第41章 修正海关条例 ………………………………………… 104
第42章 废除和保留 …………………………………………… 106
第43章 解　　释 ……………………………………………… 108

·2003 年第 36 号法律·

斯里兰卡知识产权法[*]

（2003 年 11 月 12 日批准，作为斯里兰卡 2003 年 11 月 14 日公报第 2 部分的补充内容颁布）

本法规定了知识产权及知识产权登记、管理和行政管理的有效程序；修正了海关条例（第 235 章）和 1996 年第 10 号各省高等法院法（特别规定）；对有关事项或者附带事项予以规定。

本法由斯里兰卡民主社会主义共和国议会制定，内容如下。

第 1 条　名　　称[**]

本法称为 2022 年第 8 号知识产权法（修正）。❶

---

[*] 斯里兰卡民主社会主义共和国（以下简称"斯里兰卡"）于 2018 年 3 月、2021 年 1 月和 2022 年 3 月对 2003 年第 36 号知识产权法进行了修正，分别被称为 2018 年第 7 号法、2021 年第 8 号法和 2022 年第 8 号法。本书将 2003 年第 36 号法中增补、废除、修改的条文在正文相应的位置予以更新，并通过注释的形式对更新予以说明。——译者注

[**] 本书各法律文本的层级的序号排列均遵从原文，未作修改。——译者注

❶ 根据斯里兰卡 2022 年第 8 号法第 1 条予以修正。

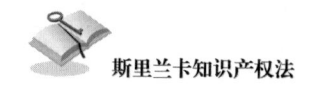

第1部分　管理机构

第2条　局长的任命及职责

（1）设斯里兰卡知识产权局局长（以下简称"局长"）一职。

（2）局长：

（a）被赋予实施本法规定的权力，负责工业品外观设计、专利和商标、地理标志和本法规定的其他事项的管理，对为实施本法而任命或者从事该工作的工作人员进行监管和管理；和❶

（b）采取一切必要措施，如组织展览、竞赛、研讨会和出版等，促进、鼓励包括版权和邻接权在内的知识产权国家意志，通过促进、鼓励建立和适当发挥各类组织和协会的功能以保护和管理本法第2部分项下的版权和邻接权。

（3）局长应遵守政府有关知识产权的一般政策，遵守斯里兰卡贸易部部长（以下简称"部长"）就该政策发布的一般指示或者特别指示。

第3条　主管和副主管

（1）为正确实施本法，可根据需要任命一名或多名合适的人员为知识产权局的主管或者副主管。

（2）被任命者可行使、履行和执行明确授予主管或者副主管的权力、责任和职能（视情况而定），根据部长的指示及在局长的授权和监管下可以行使、履行和执行根据本法授予局长的权力、责任和职能。

（3）可任命实施本法所必要的其他高级职员或者雇员。

第4条　知识产权局和登记簿的保管

（1）设立斯里兰卡国家知识产权局（以下简称"知识产权局"）。该局是斯里兰卡对工业品外观设计、专利、商标、地理标志和任何其他事项进行登记和管理的唯一机构。❷

---

❶ 根据斯里兰卡2022年第8号法第2条予以修正。
❷ 根据斯里兰卡2022年第8号法第3条予以修正。

（2）根据本法规定要求保存的所有登记簿均应保存在知识产权局，置于局长监管之下，且这些登记簿是斯里兰卡登记工业品外观设计、专利、商标、地理标志和任何其他事项的唯一合法登记簿。❶

---

❶ 根据斯里兰卡2022年第8号法第3条予以修正。

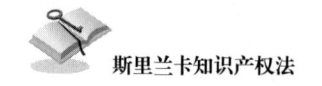

第 2 部分

第 1 章 版　权

第 5 条 解　释

在本部分中：

视听作品，指由一系列有伴音或无伴音且给人以运动感觉的画面构成的能够使人看到或听到的作品。

无障碍格式，是指以另一种形式或方式提供的作品的复制件，并且该形式或方式使受益人能够获取该作品，包括使受益人能够与任何没有残疾的人一样可行和舒适地获取该作品。无障碍格式的复制件应由受益人专用、应尊重原作品的完整性，同时考虑到为使作品能以替代格式被无障碍地获取所需的改动以及受益人的无障碍需求。❶

作者，指创作作品的自然人。

受益人，指符合下列条件的人❷：

（a）盲人；

（b）有视觉障碍、知觉障碍或阅读障碍，并且该障碍或残疾不能被改善到与没有该障碍或残疾的人的视觉功能大致相同，不能以与没有该障碍或残疾的人大致相同的程度阅读印刷作品；或

（c）因身体上的残疾而无法持有或翻阅书本，或无法集中和移动眼睛至可阅读的程度；

不论是否有任何其他残疾。

广播，指通过无线传输（包括卫星传输）向公众传播作品、表演或录音。

集体作品，指由两个或两个以上的自然人在一个自然人或法律实体的组织和指导下创作的作品，创作者知道该作品将由后者以自己的名义公开并且不会显示参与创作者的身份。

向公众传播，指通过有线或无线或两者皆有的方式向公众传播作品、表演或录音的图像或声音，使公众可以在其个人选择的时间和地点获得该作品、

---

❶❷ 根据斯里兰卡 2021 年第 8 号法第 2 条予以增补。

表演或录音。

计算机，指具有信息处理能力的电子设备或类似装置。

计算机程序，指以文字、代码、方案或任何其他形式表达的一组指令，当其被纳入计算机可读取的媒介时能够使计算机执行或实现特定的任务或结果。

财产权，指第9条所述权利。

民间文学艺术表达，指以群体为导向，以传统为基础，反映有关群体期望的群体或个人创作，是对其文化和社会特性、标准和价值观的充分表达，通过口头、模仿或其他方式传播，包括：

（a）民间故事、民间诗歌和民间谜语；

（b）民间歌曲和民间器乐；

（c）民间舞蹈和民间戏剧；

（d）民间艺术作品，特别是图画、绘画、雕刻、雕塑、陶器、陶俑、镶嵌工艺、木制品、金属制品、珠宝、手工艺品、服装和本土纺织品。

侵权，指侵害受本部分保护的任何权利的行为。

人身权，指第10条所述权利。

表演者，指歌手、音乐家和其他以演唱、宣讲、朗诵、演奏或其他方式表演文学、艺术作品或民间文学艺术表达的人。

摄影作品，指将光或其他辐射物产生的图像或可能由其产生的图像在任何介质上的记录，无须考虑进行此类记录的技术（化学、电子或其他技术），但从视听作品中提取的静态画面不属于"摄影作品"，而视为相关视听作品的一部分。

视听作品或录音制品的"制作者"，指承担制作该视听作品或录音制品的主动权和责任的自然人或法律实体。

公开展示，指以下列方式展示作品的原件或复制件：

（a）直接展示；

（b）利用电影、幻灯片、电视图像或其他方式在屏幕上展示；

（c）以任何其他设备或方法展示；

（d）就视听作品而言，在除家庭及其最亲密的社会熟人组成的平常圈子以外的人在场或可能在场的一个或多个地方非连续地展示单个图像，无论他们是否同一地点、同一时间还是不同地点、不同时间在场，且该作品无须在"向公众传播"一词的定义范围内向公众传播便可被展示。

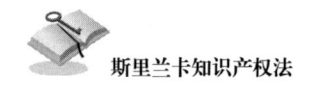

公开出借，指公共图书馆或档案馆等向公众提供服务的机构以非营利目的在一定期限内转移占有的作品、录音制品的原件、复制件。

公开表演指：

（a）就除视听作品外的作品而言，是指直接或通过任何设备或方法以公开朗诵、演奏、舞蹈或其他方式表演该作品；

（b）就视听作品而言，是指公开依次展示图像或播放伴音；

（c）就录音制品而言，在除家庭及其最亲密的熟人组成的平常圈子以外的人在场或可能在场的一个或多个地方播放该录音制品，无论他们是否同一地点、同一时间还是不同地点、不同时间在场，且该表演无须在"向公众传播"一词的定义范围内向公众传播便可被感知。

发行，指对作品或录音制品：

（a）以销售、出租或公开出借、转让所有权或占有的方式向公众提供合理数量的复制件；或

（b）通过电子系统向公众提供，但就作品而言，是经作品版权人同意向公众提供，就录音制品而言，是经录音制品制作者或其权利继受人同意向公众提供。

出租，指以营利目的在一定期限内转让对作品、录音制品的原件或复制件的占有。

复制，指以任何物质形式制作作品或录音制品的一份或多份复制件，包括以电子形式永久或临时储存作品或录音制品。

录音制品，指对表演的声音或其他声音的专门固定，而不论固定声音的方法和媒介；但其不包括对声音和图像的固定，如视听作品中的声音。

作品，指第6条所述的任何文学、艺术或科学作品。

实用艺术作品，指具有实用功能或被包含在实用性物品中的艺术创作，不论其是以手工制作还是工业生产。

合作作品，指由两个或两个以上的作者参与创作的作品，但该作品不符合集体作品的要求。

第6条 受保护的作品

（1）文学、艺术和科学领域具有独创性的智力创造成果作为文学、艺术或科学作品（以下简称"作品"）受到保护，尤其包括：

（a）书籍、小册子、文章、计算机程序和其他著作；

（b）演讲、讲座、讲话、布道和其他口述作品；

（c）戏剧、音乐作品、哑剧、舞蹈作品和其他供舞台演出创作的作品；

（d）对（c）项作品的舞台表演以及适用于表演的民间文学艺术表达的舞台表演；

（e）有词或无词的音乐作品；

（f）视听作品；

（g）建筑作品；

（h）图画、绘画、雕塑、雕刻、摄影、挂毯和其他美术作品；

（j）摄影作品；

（k）实用艺术作品；

（l）与地理、地形、建筑或科学有关的插图、地图、设计图、示意图和三维作品。

（2）本条第（1）款规定的作品仅根据其创作的唯一事实受到保护，不论其表达方式或形式，也不论其内容、质量和目的如何。

第 7 条　演绎作品

（1）下列各项作为作品受到保护：

（a）对作品的翻译、改编、汇编和其他转换或修改；

（b）作品集合和单纯的数据集合（数据库），无论是机器可读的还是其他形式，只要该集合因其内容的选择、协调或安排而具有独创性。

（2）对第（1）款所述任何作品的保护不得妨碍对被纳入或用于制作该作品的原作品的保护。

第 8 条　不受保护的作品

尽管有第 6 条和第 7 条的规定，但本部分的保护范围不包括：

（a）任何观点、程序、系统、操作方法、概念、原则、发现或纯数据，即使其在作品中被表达、描述、解释、说明或体现；

（b）任何立法、行政或法律性质的正式文本及其任何官方译文；

（c）以出版、广播或任何其他方式向公众传播的时事新闻。

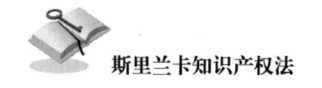

第 9 条　财产权

（1）在不违反第 11 条至第 13 条规定的情况下，作品版权人享有对作品实施或授权实施下列行为的专有权：

（a）复制该作品；

（b）翻译该作品；

（c）对作品进行改编、汇编或者其他转换；

（d）通过销售、出租、出口或其他方式公开发行该作品的原件和复制件；

（e）出租视听作品、以录音形式表现的作品、计算机程序、数据库或记谱形式的音乐作品的原件或复制件，不论有关原件或复制件的所有权如何；

（f）进口该作品的复制件（即使进口的复制件是经版权人授权制作的）；

（g）公开展示该作品的原件或复制件；

（h）公开表演该作品；

（j）广播该作品；

（k）以其他方式向公众传播该作品。

（2）本条第（1）款的规定适用于整个作品和作品的实质部分。

（3）当计算机程序本身不是出租的主要标的时，第（1）款（e）项规定的出租权不适用于计算机程序的出租。

（4）尽管有第（1）款（d）项的规定，但作品或合法制作的作品的复制件的所有者或由该所有者授权的任何人有权在未经版权人授权的情况下，销售或以其他方式处置该复制件。

第 10 条　人身权

（1）作品的作者独立于其财产权，即使他不再是财产权的所有人，也享有下列权利：

（a）在切实可行的范围内，在作品复制件上和与公开使用其作品有关的情况下在显著位置显示其姓名；

（b）有权使用笔名以及在复制件上和与公开使用其作品有关的情况下不显示其姓名；

（c）禁止对其作品的任何歪曲、毁损或其他篡改或与之有关的其他有损于其荣誉或名誉的行为。

（2）第（1）款所述任何权利在作者有生之年不得转让，但在作者死亡时，任何对该等权利的行使应可通过遗嘱处置或者法律规定予以转移。

（3）作者可以放弃第（1）款所述人身权，但该放弃必须以书面形式作出并明确说明放弃的权利及放弃所适用的情况：

如果放弃第（1）款（c）项权利时明确了修改的性质、范围或放弃权利的其他有关行为，则在作者死后行使人身权的自然人或法律实体应有权放弃该等权利。

第11条 合理使用

（1）尽管有第9条第（1）款的规定，但应为批评、评论、新闻报道、教学（包括供课堂使用的多份复制件）、学术或研究等目的合理使用作品，包括制作作品复制件或该条所规定的任何其他方式，不构成侵犯版权。

（2）在确定对作品的使用是否属于合理使用时，应考虑下列因素：

（a）使用的目的和性质，包括是否具有商业性质或用于非营利性的教育目的；

（b）版权作品的性质；

（c）相对于整个版权作品而言，所使用部分的数量和质量；

（d）使用对该版权作品的潜在市场或价值的影响。

（3）合理使用行为应包括第12条规定的情形。

第12条 合理使用行为

（1）尽管有第9条第（2）款（a）项的规定，但应在符合本条第（2）款规定的情况下，未经版权人授权，允许自然人仅为个人目的用已发表作品的合法复制件制作该作品的单一复制件。

（2）本条第（1）款的规定不延伸至下列情形的复制：

（a）以建筑物或其他构筑物的形式复制建筑作品；

（b）以复印的形式复制图书或记谱音乐作品的全部或实质部分；

（c）复制数据库的全部或实质部分；

（d）复制计算机程序，但第（7）款规定的情形除外；和

（e）复制会与作品的任何正常利用发生冲突或以其他方式不合理地损害版权人的合法利益。

（3）尽管有第9条第（1）款（a）项的规定，但应允许在未经版权人授权的情况下以引用的形式复制已出版作品的少量内容：

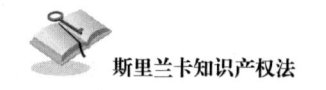

该复制必须符合合理使用且在为达到该合理使用目的而正当所需的范围内。如果引用的作品中有作者姓名，引用时应同时注明来源和作者姓名。

（4）尽管有第9条第（1）款（a）项的规定，但未经版权人授权，允许实施下列行为：

（a）为教学目的，以书面、声音或录像的方式复制已出版作品的少量内容，但该复制必须符合合理使用且在为达到目的的合理范围内；

（b）在其活动不是直接或间接为商业利益服务的教育机构中，为现场教学而对已发表的文章、其他短篇作品或作品的简短摘录进行印刷复制且复制行为是单独发生的孤立行为，如果重复发生，必须是在单独或不相关的场合：

根据本款制作的所有复制件应尽可能标明被复制作品的来源和作者姓名。

（5）尽管有第9条第（1）款（a）项的规定，但其活动不为任何直接或间接商业利益服务的任何图书馆或档案馆，可以不经版权人授权对下列作品以复印的方式制作作品的单一复制件：

（a）所复制的作品是已发表的文章、其他短篇作品或作品的简短摘录，且复制目的是满足自然人需求，但条件是：

（ⅰ）图书馆或档案馆确信该复制件仅用于学习、学术或私人研究目的；

（ⅱ）复制行为是单独发生的，如果重复发生，必须是在单独和不相关的场合。

（b）复制的目的是保存及在必要时代替复制件或另一个类似的图书馆或档案馆的永久收藏中已遗失、毁坏或无法使用的复制件：

在合理条件下已不可能取得该复制件；和

在单独和不相关的场合重复进行，则复印和复制的行为应是孤立发生的。

（6）尽管有第9条第（1）款（a）项、（h）项和（j）项的规定，但在尽可能标明来源和作者姓名的条件下，允许未经版权人授权对作品进行下列行为：

（a）以报纸、期刊、广播或其他向公众传播的方式复制在报纸、期刊上已经发表的关于当前经济、政治或宗教主题的文章、与之相关的广播或通信，但如果版权人在复制件已明确保留作品复制、广播或其他向公众传播的权利或者广播作品、其他向公众传播的作品的邻接权的，则该允许不适用；

（b）为了报道时事，以复制和广播或其他方式向公众传播在该等事件中看到或听到的作品的简短摘录，但应在达到该复制目的的合理范围内；

（c）以报纸、期刊、广播或其他向公众传播的方式复制在公众场合发表的政治演说、演讲、讲话、布道或者类似性质的其他作品或者在诉讼过程中发表的演说，但应在提供当前信息事实的理由的正当需要范围内。

（7）（a）尽管有第9条第（1）款（a）项、（c）项的规定，未经版权人授权，允许计算机程序复制件的合法所有人复制一份或改编该计算机程序，但该复制或改编应对下列行为是必要的：

（ⅰ）在计算机上使用该计算机程序以达到获取计算机程序的目的和程度；

（ⅱ）用于存档和替代合法拥有的计算机程序复制件以防止该计算机程序复制件丢失、损毁或无法使用。

（b）除（a）项规定的目的外，计算机程序的任何复制件或改编本不得用于任何其他目的，且当继续拥有该计算机程序复制件不再合法时应销毁该等复制件或改编本。

（8）尽管有第9条第（1）款（f）项的规定，但允许自然人为其个人目的进口作品的复制件而无须获得版权所有人的授权。

（9）尽管有第9条第（1）款（g）项的规定，但允许公开展示作品的原件或复制件而无须获得版权所有人的授权：

该展示不是以电影、幻灯片、电视图像或其他方式在屏幕上或通过其他任何设备或方法进行：

作者或其权利继受人已出版该作品或已将所展示的原件或复制件以销售、赠送或其他方式转让给他人。

（10）不论本部分有何规定，下列行为都不构成侵害版权：

（a）政府或非营利教育机构为教育或教学目的在教室或为教育而设置的类似场所表演或展示作品：

就视听作品而言，是指表演或展示单个图像，该图像应是通过合法制作的复制件进行的或表演负责人不知道或者没有理由知道该复制件是非法制作的。

（b）通过在私人家庭常用的单一接收设备公开接收体现作品的表演或展示的传输、传播，不包括：

（ⅰ）需要直接收费的观看或收听；或

（ⅱ）将接收的传输内容再进一步向公众传播。

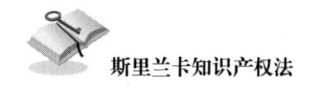

第12A条 合理使用作品为受益人提供便利[1]

（1）（a）尽管本部分有其他规定，任何授权实体均可为了受益人的利益，以无障碍格式改编、复制和发行任何作品的复制品以方便受益人获取该作品，包括与任何其他受益人共享该作品，但复制的目的仅限于受益人自用、教育或研究，且该作品的原始格式妨碍了受益人获取作品。授权实体对任何作品进行的此类改编、复制和发行均不构成对版权的侵害。

（b）（a）项的规定仅适用于无法以合理条件从商业渠道获得此种格式的作品。在这种情况下，部长应向世界知识产权组织总干事提交一份通知，宣布对该作品的限制或例外（视情况而定）。

（2）被授权实体应为：

（a）由部长与局长协商后确定的个人或组织；

（b）在非营利的基础上向任何受益人提供无障碍格式的作品的复制件，且仅收取制作无障碍格式作品的成本；

（c）确保任何无障碍格式的作品仅由受益人使用，并采取合理措施防止其进入正常的商业渠道；

（d）无障碍格式作品复制件仅限于由受益人或代表受益人行事的任何其他人改编、复制和发行；

（e）阻止复制、分发和提供未经授权的无障碍格式作品的复制件；和

（f）在尊重受益人隐私的前提下，对无障碍格式作品的复制件的处理保持应有的谨慎并做好记录。

第13条 版权期限

（1）除第（2）款、第（3）款、第（4）款和第（5）款的规定外，财产权和人身权的保护期限为作者终生及从其死亡之日起 70 年。

（2）就合作作品而言，其财产权和人身权的保护期限为最后一位在世作者终生及其死亡之日起 70 年。

（3）就集体作品（除了实用艺术作品）和视听作品而言，其财产权和人身权保护期限为自作品首次发表之日起 70 年，作品未发表的，其保护期限为自作品完成之日起 70 年。

---

[1] 根据斯里兰卡 2021 年第 8 号法第 3 条予以增补。

（4）就匿名或者笔名发表的作品而言，其财产权和人身权的保护期限为自作品首次发表之日起70年：

如果在上述期间届满前，作者的身份被披露或者确定的，其权利保护期限视具体情况适用第（1）款或第（2）款的规定。

（5）就实用艺术作品而言，财产权和人身权的保护期限为自作品完成之日起25年。

（6）上述各款规定的每一期限应持续至该期限到期的日历年年底。

第14条 财产权的原始权利人

（1）除本条第（2）款、第（3）款、第（4）款和第（5）款的规定外，创作作品的作者是财产权的原始权利人。

（2）就合作作品而言，合作作者是财产权的原始权利人。但是，如果合作作品由可以单独使用的部分组成并且可以确定各部分的作者，则每个部分的作者应是其所创作部分的财产权的原始权利人。

（3）就集体作品而言，由其组织创作且在其指导下创作作品的自然人或法律实体是财产权的原始权利人。

（4）就自然人或法律实体雇用的作者在受雇期间创作的作品而言，除非合同另有约定，否则财产权的原始权利人是雇主。如果作品是受委托创作的，除非合同另有约定，否则财产权的原始权利人是委托人。

（5）就视听作品而言，除非合同另有约定，否则财产权的原始权利人是制作者。但视听作品的共同作者和为制作视听作品而包含或改编原有作品的作者应保持对其参与部分或原有作品的财产权，只要该等参与或原有作品可以独立于视听作品而成为财产权所涵盖行为的对象。

第15条 作者身份的推定

（1）在作品上以通常方式标明是作者姓名的自然人，在没有相反证据的情况下应被推定为该作品的作者。即使该姓名是笔名，只要该笔名不会影响作者身份的确定，则本条规定仍然适用。

（2）姓名或名称出现在视听作品上的自然人或法律实体在没有相反证据的情况下应被推定为该作品的制作者。

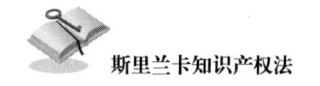

第 16 条　版权的许可或转让

（1）版权人可以：

（a）向自然人或法律实体授予许可以实施与第 9 条所述财产权有关的所有或任何行为；

（b）转让或转移第 9 条所述全部或任何部分财产权。

（2）任何财产权的转让或转移以及经版权人授权实施该行为的任何许可，应由转让人和受让人、让与人和承让人或许可人和被许可人，视属于何种情况而定，签署书面协议。

（3）任何财产权的全部或部分转让或转移或经版权人授权实施该行为的任何许可，不包括或被视为包括其中未明确提及的任何其他权利的转让、转移或许可。

第 2 章　邻接权

保护表演者、录音制作者和广播组织的权利。

第 17 条　表演者权

（1）在不违反第 21 条规定的情况下，表演者享有实施或授权实施下列任何行为的专有权：

（a）以广播或其他方式向公众传播其表演或表演的实质部分，除非该广播或其他向公众传播的方式属于下列任一情形：

（ⅰ）是根据表演的录像制作的，但根据第 21 条规定制作的录像除外；或

（ⅱ）是由最初广播该表演或其实质部分的组织进行或授权进行的转播。

（b）固定其未固定的表演或其实质部分。

（c）复制固定的表演或其实质部分。

（2）一旦表演者授权将其表演纳入视听作品，则第（1）款的规定将不再适用。

（3）表演者有权就其表演以更有利的条款及条件签订合同，本条任何内容均不得被解释为对此项权利的剥夺。

（4）本条规定的权利自表演发生之时起受到保护，至表演发生之日起的第 50 个日历年结束时终止。

第 18 条　录音制作者权

（1）在不违反第 21 条规定的情况下，录音制品制作者应享有实施或授权实施下列任何行为的专有权：

（a）直接或间接复制录音制品或其实质部分；

（b）进口录音制品的复制件或其实质部分的复制件，即使该等进口的复制件是在录音制作者的授权下制作的；

（c）改编或以其他方式转换该录音制品或其实质部分；

（d）出租录音制品复制件或其实质部分的复制件，不论该出租的复制件归谁所有；

（e）向公众销售或许诺销售录音制品或其实质部分的原件或复制件。

（2）本条第（1）款规定的权利的保护期限为自录音制品发行之日起至发行年份后第 50 个日历年结束时终止，或录音制品尚未发行的，其保护期限为录音首次固定之日起至固定年份后第 50 个日历年结束时终止。

第 19 条　使用录音制品的报酬

（1）将为商业目的发行的录音制品或其复制件直接以广播、其他形式向公众传播或公开演出的，使用者应向表演者和录音制品制作者一次性支付合理报酬。

（2）除表演者或录音制作者另有约定以外，根据第（1）款规定收取的款项的一半应由录音制作者支付给表演者。

（3）依据本条规定获取合理报酬的权利的保护期限为自录音制品发行之日起到发行年份之后第 50 个日历年结束时终止，或录音制品尚未发行的，该权利保护期限为自录音制品首次固定之日起至固定年份之后第 50 个日历年结束时止。

第 20 条　广播组织权

（1）在符合第 21 条规定的情况下，广播组织有实施或授权实施下列任何行为的专有权：

（a）转播其广播或广播的实质部分；

（b）向公众传播其广播或广播的实质部分；

（c）固定其广播或广播的实质部分；

（d）复制固定的广播或广播的实质部分。

（2）本条规定的权利从广播发生之时起受到保护，至广播发生之日起的第 50 个日历年结束时终止。

第 21 条　保护的限制

第 17 条、第 18 条、第 19 条和第 20 条不适用于下列情形：

（a）自然人仅为个人目的使用；

（b）为报道时事新闻而使用简短的摘录，但应以提供时事信息的目的为合理范围；

（c）仅为现场教学或科学研究的目的而使用；

（d）根据版权法的规定，未经版权人授权可以使用作品的情况。

第 22 条　权利执法和纠纷解决

（1）对侵害或即将侵害本部分所保护的任何权利的，应当通过禁令予以禁止并由其承担损害赔偿责任。该等权利的所有人有权寻求法院认为适当的其他救济。

（2）（a）法院具有下列权力和管辖权：

（ⅰ）发出禁令，禁止对本部分所保护的任何权利实施侵害或继续实施侵害行为；

（ⅱ）在制作、销售、出租或进口复制件须经本部分所保护的任何权利人授权的情况下，命令扣押涉嫌制作、销售、出租、进口的作品或录音制品的复制件以及扣押该等复制件的包装、可能用于制作复制件的工具以及涉及该等复制件的文件、账目或商业文件。

（b）法院还有权命令侵权人支付权利人因侵权行为而遭受损失的损害赔偿以及因侵权而产生的费用、诉讼费。损害赔偿的数额，除其他事项以外，应考虑权利人遭受的物质损失和精神损害以及侵权人因侵权行为而获得的利益。侵权人不知道或没有合理理由知道其在实施侵权行为的，法院可以将损害赔偿额限于侵权人因侵权而获得的利益或事先可以预期的损害。

（c）法院有权命令以销毁或其他合理方式处置在侵害本部分所保护的任何权利的情况下而制作的复制件（如可获得）及其包装，禁止其进入商业渠道，以避免对权利人造成损害，但权利人另有要求的除外。第三人善意取得复制件及其包装的，不适用本条规定。

（d）工具有被用于实施或继续实施侵权行为的危险的，法院应命令在合理时间和范围内将其销毁或采用其他合理方式，包括将其交给权利人，以禁止其进入商业渠道以尽可能降低进一步侵权的风险。

（e）存在继续侵权行为危险的，法院应作出必要的命令以防止该等行为的发生。

（f）本法第35章关于侵权和救济的规定应参照适用于受本部分保护的权利。

（g）侵害或试图侵害本部分所保护的任何权利，构成犯罪的，一经定罪，按本法第38章和第41章的规定进行惩罚。

（3）（a）因本部分规定的任何权利受到侵害或因任何其他方式受到影响而感到不满的人可以按规定形式和方式提出申请，经任何合适的调查后，局长可决定与该申请有关的任何必要或适宜的问题，该决定在符合本款（b）项规定的情况下对各方均有约束力。

（b）任何人对局长作出的决定不服的，可以向法院提起上诉，除非法院发布临时命令暂停执行局长的决定，否则在法院就该事项作出决定前，该决定继续有效。

第23条　滥用技术手段的判断、救济和制裁

（1）下列行为违法并且在适用第22条时被视为侵害版权人的权利：

（i）为销售或出租而制造或进口任何专门设计或改造的装置或手段，以规避任何旨在防止或限制复制或损害复制质量的装置或手段（以下简称"复制保护或复制管理的装置或手段"）；

（ii）为销售或出租而制造或进口任何可能促成或协助无权接收加密节目的人接收加密的广播或以其他方式向公众传播（包括通过卫星接收的装置或手段）的节目。

（2）在适用第22条时，本条第（1）款所述任何非法装置和手段等同于作品的侵权复制件。

（3）在下列情况下，作品版权人有权获得第22条规定的侵权损害赔偿：

（a）作品的获授权复制件已经以电子形式制作完成并许诺销售或出租，该电子形式与复制保护或复制管理装置或手段以及为规避上述装置或手段而专门设计或改造的装置或手段（为制作或进口用于出售或出租）相结合；

（b）作品已获授权纳入加密节目以广播或卫星等其他方式向公众传播，

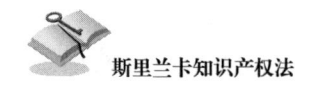

为销售或出租而制作或进口使无权接收该节目的人能够或协助其接收该节目的装置或手段传播的情况。

第 24 条 民间文学艺术表达的保护和损害赔偿

（1）根据本条第（4）款的规定，民间文学艺术表达应受到保护以防止发生下列任一行为：

（a）复制；

（b）通过表演、广播、有线传播或其他方式向公众传播；

（c）改编、翻译或其他转换，如果该等表达是出于商业目的或超出其传统或习惯的范围进行的话。

（2）本条第（1）款所赋予的权利，如果其中所述行为涉及下列任一情况的，不予适用：

（a）自然人专为个人目的的使用；

（b）为报道时事而使用简短的摘录，但以提供时事信息的目的为限；

（c）仅为现场教学或科学研究目的而使用；

（d）第 11 条和第 12 条所述情况下可以在未经版权人授权的情况下使用作品。

（3）在所有印刷出版物中以及在向公众传播任何可识别的民间文学艺术表达时，应以适当的方式提及所使用的民间文学艺术表达所来源的社区或地点。

（4）对本条第（1）款中所述行为进行授权的权利属于部长确定的主管机关，但应缴纳规定的费用。

（5）根据第（4）款收取的款项应用于文化发展事业。

（6）未经本条第（4）款所述主管机关许可，以本条不允许的方式使用民间文学艺术表达的，即为违反本条规定，应承担损害赔偿责任并受法院根据具体情况认为合理的禁令和任何其他救济措施的约束。

第 25 条 注册协会、协会对权利的管理、权利控制和报告提交

（1）（a）在本法生效后，除根据或符合本款（c）项规定外，任何自然人、法人或非法人团体不得就本部分所保护的权利开展颁发或授予许可证的业务：

权利人本人有权继续就其自身权利授予许可。权利人成为根据本条注册的协会会员的，授予许可应与其作为该协会会员的义务相符。

（b）符合规定条件的任何法人或非法人团体均可向局长申请从事（a）

项规定的业务并注册为协会。

（c）局长可考虑本部分所保护权利人的利益、公众的利益和便利性，尤其是最有可能就邻接权申请许可的群体的利益和便利性，以及申请人是否有能力和专业技能，批准开始或进行本款（a）项规定的业务并在符合可能规定的条件的情况下将该人或团体注册为集体协会：

局长通常不得注册一个以上的此类协会就同一类权利开展业务。

（d）局长认为协会的管理方式有损于邻接权人的利益的，在进行必要调查后，可以取消或暂停该协会的注册以及开展本款（a）项规定的开展业务的许可。

（e）局长可通过命令取消或暂停该协会的注册和开展业务的许可以待调查，该期间不超过本款（d）项规定的命令中所确定的1年时间。

（f）局长暂停协会注册的，应当指定一名管理人履行该协会的职能。

（2）（a）在符合规定条件的情况下：

（ⅰ）协会可接受权利人的独占授权，通过发放许可或收取许可费或者两者兼有的形式管理本部分规定的任何权利；和

（ⅱ）权利人有权撤销上述授权，但不得影响协会基于会员与协会之间的合同所享有的权利。

（b）协会有权同与管理本部分所保护权利有关的任何外国协会或组织签订协议，并委托该外国协会或组织在外国管理该协会在斯里兰卡管理的任何权利或在斯里兰卡管理由该外国协会或组织在外国管理的该等权利：

该等协会或组织不得在许可条款或与本部分保护的权利有关的费用的外国分配方面有歧视行为。

（c）在符合规定的情况下，协会可以：

（ⅰ）就本部分所保护的权利发放许可；

（ⅱ）收取许可费；

（ⅲ）扣除其自身费用后，在权利人之间分配该等费用；

（ⅳ）履行第（4）款规定的任何其他职能。

（3）（a）为使版权按照规定的方式进行集体管理，每个协会都应接受权利人根据本部分规定对协会的控制：

（ⅰ）获得权利人对其收费和分配程序的同意；

（ⅱ）获得权利人批准，将收取的任何费用用于向权利人分配以外的任何目的；和

（ⅲ）定期、全面和详细地向权利人提供与权利管理有关的所有活动信息。

（b）在权利人之间分配费用时，应尽可能按照其作品的实际使用比例进行分配。

（4）（a）每个协会应向局长提交可能规定的报表。

（b）局长可要求任何协会提交任何报告或记录以证明该协会就其管理的权利所收取的费用正在按照本部分的规定被加以利用或分配。

第 26 条　适用范围

（1）本部分关于保护文学、艺术或科学作品的规定适用于下列情况：

（a）属于斯里兰卡国民或在斯里兰卡有经常居住地的作者的作品；和

（b）首次在斯里兰卡出版的作品或者首次在另一国家出版且自该出版之日起 30 日内在斯里兰卡出版的作品，不论作者的国籍或居住地在哪。

（2）本部分规定适用于根据斯里兰卡加入的任何国际公约或国际条约在斯里兰卡受到保护的作品。

第 27 条　邻接权的适用范围

（1）本部分关于保护表演者的规定适用于下列情况：

（a）属于斯里兰卡国民的表演者。

（b）非斯里兰卡国民但其表演符合下列条件的表演者：

（ⅰ）发生在斯里兰卡境内；

（ⅱ）被纳入受本部分保护的录音制品中；或

（ⅲ）未被固定在录音制品中，但包含在符合本部分保护条件的广播中。

（2）本部分关于保护录音制品的规定适用于下列情况：

（a）制作者为斯里兰卡国民的录音制品；

（b）首次在斯里兰卡录制的录音制品；和

（c）首次在斯里兰卡发行的录音制品。

（3）本部分关于保护广播的规定适用于下列情况：

（a）注册办事处位于斯里兰卡的广播组织的广播；和

（b）由位于斯里兰卡的发射台传送的广播。

（4）本部分的规定还适用于受斯里兰卡加入的任何国际公约或国际协定保护的表演者、录音制品制作者和广播组织。

第3部分

第3章 外观设计

本部分的范围和定义。

第28条 保护条件

本法规定的对外观设计的保护是增补而非减损任何其他成文法尤其是本法第2部分提供的任何保护。

第29条 本部分的范围

本部分提供的保护：

（a）仅适用于新的外观设计；

（b）不适用于任何含有诽谤性质的设计或违反道德、公共秩序或公共利益或者局长、处理该问题的法院认为可能侵犯有关宗教或者民族的情感的外观设计。

第30条 外观设计的定义

本部分规定的外观设计是指任何线条或颜色的组合或者不与线条、颜色相联系的三维形状，其能够使工业产品或者手工艺产品具有独特的外观并能够应用于工业产品或者手工艺产品的图案：

对外观设计中仅为获得技术目的的部分不应根据本部分进行保护。

第31条 新颖性的定义

（1）在本部分中，新外观设计指在申请登记日之前未在世界任何地方、任何时间以说明书、使用或者任何其他方式向公众公开或者未在优先权日之前被有效地主张权利的外观设计。

（2）在提交登记申请之前6个月内在官方或者官方认可的国际展览会上展出的外观设计不视为已向公众公开。

（3）仅与在先外观设计细节方面不同或者仅与体现在先外观设计的产品类型不同的外观设计不被视为新的外观设计。

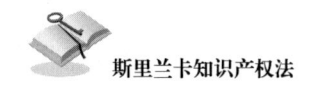

第4章　外观设计保护权

第32条　外观设计所有权和保护权

（1）获得外观设计保护的权利属于其所有人。

（2）在符合第34条规定的情况下，外观设计的所有人或者其继承人为其设计人。

（3）两人或者多人共同创造外观设计的，保护权应属于共同设计人：

只协助创造外观设计而未作出创造性贡献的人不是该外观设计的设计人或者共同设计人。

（4）在符合第33条和第34条规定的情况下，最先申请外观设计或者最先有效主张其优先权的人应视为该外观设计的设计人。

第33条　外观设计

（1）外观设计的基本要素来源于已申请登记或者已登记的外观设计的，保护权属于该外观设计的已申请登记人或者已登记的所有人，其可向局长提出书面申请要求转让上述申请或者登记。

（2）申请转让时应缴纳规定费用并提交证据以证实申请人的主张。登记已经生效的，第（1）款规定的申请应自第44条下的登记公告之日起1年内提出。

（3）局长应立即向外观设计的申请登记人或者登记所有人送达转让申请书的副本，外观设计申请登记人或者登记所有人应自该通知送达之日起3个月内按照规定的方式向局长提交异议书并缴纳规定费用及提交证明其主张的证据。

（4）申请人或者登记所有人提交第（3）款所述异议书的，局长如认为有必要应尽快召开听证会听取双方意见以决定是否转让申请或者登记以及是否应对登记簿进行修改（如适用）。申请人或者登记所有人未按照第（3）款规定在3个月内提交异议书的，局长应准许第（1）款所提出的转让申请。

（5）在外观设计登记申请提交后，享有保护权的人无论出于何种目的同意提交登记申请的，该同意都视为自登记申请提交之日起生效。

第34条 雇员创造的外观设计属于雇主

（1）任何雇佣合同或者劳务合同中无任何相反约定的，在履行雇佣合同或者开展工作中所创造的外观设计的所有权属于雇主或者该工作的委托人（视情况而定）：

外观设计获得的经济价值远大于缔约各方在雇佣合同或者劳务合同中的合理预期（视情况而定）而当事人之间没有约定的，法院可根据设计人的申请决定其有权获得的合理报酬。

（2）雇佣合同未要求从事任何创造性活动的雇员在雇主的工作范围内使用雇主交由其处置的资料或者工具创作外观设计的，如果雇佣合同中没有相反规定，则该外观设计的所有权属于雇主：

雇员有权获得合理的报酬，当事人之间没有协议的，雇员可向法院申请根据其薪酬、外观设计的经济价值和雇主获得的收益确定该报酬。

（3）第（1）款和第（2）款规定的外观设计人所享有的权利不受合同限制。

第35条 外观设计人的署名

（1）在登记时应表明外观设计人的姓名，但本人亲笔签名或者授权代表其利益的任何人签署书面声明并提交给局长表示愿意在登记中放弃使用自己姓名的除外。

（2）任何合同条款不得改变、变更或者修改第（1）款的规定。

第5章 申请外观设计登记的要求和程序

第36条 申请的要求

（1）申请登记外观设计的，应向局长缴纳规定的费用并按照规定的格式提交申请书，申请书的内容包括：

（a）外观设计登记请求；

（b）申请人的姓名、地址及说明，斯里兰卡境外的居民还应写明其在斯里兰卡被送达的邮寄地址；

（c）体现外观设计的产品样本、外观设计照片或图片的副本（外观设计为彩色的该副本也应为彩色）或者外观设计的图纸和设计图；

（d）指明使用该外观设计的产品类型，规章规定了类别的，应指明该产品属于其中的一类或多个类别；

（e）声明就申请人所知该外观设计具有新颖性。

（2）申请登记时可同时提交外观设计人签字的声明，写明其姓名、地址并要求记录在登记簿中。

（3）申请人不是外观设计人的，申请材料应包括申请人获得申请权证明的声明。

（4）申请人不是外观设计人的，局长应向设计人送达第（3）款规定的声明的副本。外观设计人有权查阅申请并在支付规定费用后获得一份副本。

（5）申请是通过代理人提交的，应同时提交申请人授权代理人申请的委托书。

第 37 条 优先权

外观设计的登记申请人希望利用在缔约国提交的在先申请的优先权的，应当自该在先申请之日起 6 个月内在其申请后附加一份书面声明，表明在先申请的日期和编号、申请人的姓名、申请人或者其所有权前任人提交该申请的国家，并且应在于斯里兰卡提出在后申请之日起 3 个月内提供一份经在先申请国家的相应主管机关核证其为正确的在先申请的副本。

第 38 条 申请费

向局长缴纳规定费用前，对外观设计的登记申请不予受理。

第 39 条 申请的审查

（1）局长应审查申请人是否遵守了第 36 条、第 37 条（如适用）和第 38 条的规定。

（2）申请人未能遵守第 36 条和第 37 条的规定的，局长应拒绝对外观设计进行登记：

局长首先应告知申请人申请中的缺陷并提供给其一个自收到该通知之日起 3 个月内弥补该缺陷的机会。

（3）申请人未遵守第 37 条的规定的，局长不予考虑针对外观设计登记所主张的优先权。

（4）申请人遵守第 37 条的规定的，局长针对外观设计登记应记录所主张的优先权。

（5）局长拒绝对外观设计进行登记的，在申请人缴纳规定费用后，局长应陈述拒绝的理由并通知申请人。

第 40 条　登　　记

（1）申请人遵守第 36 条和第 38 条规定的，局长应针对第 29 条的规定审查外观设计。

（2）外观设计根据第 29 条不应登记的，局长应通知申请人并说明拒绝登记的理由。

（3）局长拒绝外观设计登记申请的，申请人自收到第（2）款规定的通知之日起 1 个月内可以就拒绝之事向局长提出书面意见。

（4）收到第（3）款要求的书面意见后，局长可以决定召开听证会并通知申请人召开听证会的日期和时间。召开听证会后，局长可以同意或拒绝登记该外观设计。

（5）（a）尽管根据第（1）款、第（2）款、第（3）款和第（4）款的规定，局长认为申请人提出登记申请的外观设计的基本要素源自一项已登记的外观设计，但其应相应地通知申请人，向所援引的外观设计登记的所有人提供该通知的副本，并要求其说明该外观设计并非源自前者。

（b）自该通知之日起 3 个月内，申请人可以向局长提交正式的书面意见并缴纳规定的费用。被援引的外观设计的登记所有人也可以在相同期间内提交正式的书面意见。

（c）在收到此类提交的书面意见后（如有），局长认为有必要的，应召开听证会听取双方意见再决定是否登记外观设计。

（d）申请人未按照第（5）款（b）项规定提交书面意见的，局长应依据表明的理由拒绝外观设计的登记申请，并且局长应在申请人提出请求并按规定缴纳费用的情况下书面通知申请人其作出该决定的理由。

（6）局长认为外观设计可以登记的，可以要求申请人在 1 个月内缴纳公布申请的规定费用。

（7）对于未在规定期间内缴纳公布申请费用的，应拒绝登记外观设计。

（8）（a）在规定的期间内已缴纳公布申请的费用的，局长应公布申请，明确申请日期、申请编号、申请人的姓名和地址、所主张的优先权、外观设计说明和类别，且如果申请人是斯里兰卡境外居民的，还应确定其在斯里兰

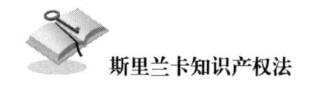

卡的送达邮寄地址。

（b）尽管有第（6）款、第（7）款和第（8）款（a）项的规定，但局长仍可以行使自由裁量权，书面通知要求申请人按照第（8）款（a）项的规定和局长指示的格式公布申请。在局长通知后的2个月内申请人没有公布申请或者未按局长的要求公布申请的，该申请可被拒绝。

（9）根据第29条规定的一项或者多项理由，任何人认为外观设计不应被登记的，自公告之日起2个月内可以在缴纳规定费用后按规定的格式向局长提交反对该登记的通知，陈述其反对理由并提交证据加以证明。

（10）在第（9）款规定的期间内未收到异议通知的，局长应对外观设计进行登记。

（11）在第（9）款规定的期间内收到符合规定格式的异议通知和缴纳的规定费用的，局长应向申请人送达该异议理由并要求其在1个月内针对该理由以书面形式提交意见并提交证据支持其申请。

（12）在收到申请人的意见后，局长在考虑所有情况后认为有必要召开听证会的，应召开听证会听取双方陈述并尽快决定是否登记该外观设计。如果其决定该外观设计可予以登记且符合下列情况的，应相应地登记该外观设计：

（a）可针对其决定起诉的期间届满后，当事人未起诉的；

（b）已针对其决定起诉但起诉被驳回的（视情况而定）。

（13）局长可合理地延长规定期间以完成本条规定的行为或者缴纳本条规定的费用。

第41条 颁发登记证书

外观设计登记后，局长应向登记所有人颁发登记证书并根据登记所有人的要求向其送达证书，以挂号信的方式邮寄至其最近在斯里兰卡有记录的邮寄地址，如果登记所有人是斯里兰卡境外居民的，应包括最近在斯里兰卡有记录的邮寄地址。

第42条 外观设计登记簿

（1）局长应备存及维持一份"外观设计登记簿"，按登记的顺序记录所有登记的外观设计及其他根据本部分授权或指示的有关详细情况以便记录或随时订明。

（2）外观设计的登记应包括外观设计的声明并应明确说明其编号、登记所有人的姓名和地址，登记所有人是斯里兰卡境外居民的，应包括其最近在斯里兰卡有记录的邮寄地址；申请日和登记日；主张的优先权有效的，应表明该事实和主张优先权的申请编号、日期和申请国；第 36 条第（1）款（d）项所述的产品类型和分类；外观设计人要求登记其姓名的，应登记其姓名和地址。

第 43 条　查阅登记簿及核证副本
任何人均可查阅登记簿并在缴纳规定费用后取得经核证的内容摘录。

第 44 条　公报已登记的外观设计
局长应按规定的格式，依据登记顺序在公报上公布所有已登记的外观设计，包括已经公布的外观设计的详细情况。

第 6 章　外观设计登记的期限

第 45 条　登记的期限
在符合且不损害本部分其他规定的情况下，外观设计登记自收到登记申请之日满 5 年到期。

第 46 条　续　　期
（1）已经登记的外观设计经申请并缴纳规定费用后可以申请续期，每次 5 年，可连续申请 2 次。
（2）续期费应在登记到期前 6 个月内缴纳：
期限届满后按规定缴纳附加费的，允许在 6 个月的宽限期内缴纳续期费。
（3）局长应将续期记录在登记簿中并按规定格式在公报上公布，列明所有外观设计的续期。
（4）未在规定期间内或者在第（2）款指定的宽限期内缴纳续期费的，局长应从相关登记簿中注销与该外观设计相关的登记。

第 7 章　外观设计登记所有人的权利

第 47 条　外观设计登记所有人的权利
（1）在符合且不损害本部分其他规定的情况下，外观设计登记所有人就

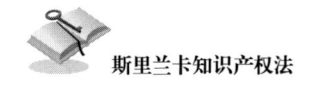

该外观设计享有下列专有权：

（a）在制造产品时复制和体现该外观设计；

（b）进口、许诺销售、销售或者使用体现外观设计的产品；

（c）为许诺销售、销售或者使用的目的存储体现外观设计的产品；

（d）转让或者转移外观设计的登记；

（e）订立许可合同。

（2）未经外观设计登记所有人同意，任何人不得实施第（1）款规定的行为。

（3）未经授权实施第（1）款规定的行为不得仅因下列事实而合法，即复制的外观设计与登记的外观设计的细节不同或者体现外观设计的产品类型与登记外观设计的产品类型不同。

第48条　登记所有人权利的限制

第47条第（1）款的规定：

（1）应仅限于工业或者商业目的的行为；

（2）体现已登记外观设计的产品已经在斯里兰卡依法生产、进口、许诺销售、销售、使用或者存储的，不妨碍第三人针对该产品实施上述行为。

第8章　外观设计登记申请及登记的转让和转移

第49条　申请及登记的转让和转移

（1）外观设计的登记申请或者登记可以转让或者转移，该转让或者转移应采用书面形式并由缔约双方或者双方代表签字。

（2）通过转让或者转移而有权申请外观设计登记或者成为登记外观设计所有人的人缴纳规定费用后可按规定的方式向局长申请将该转让或者转移记录在登记簿中。

（3）非经向局长缴纳规定费用的，不应将该转让或者转移记录在登记簿中。

（4）非经在登记簿中记录的，该转让或者转移对第三人不发生效力。

第50条　申请及登记的共同所有权

双方不存在任何相反约定的，外观设计的申请权共同所有人或者外观设计权的共同所有人可以单独转让或者转移申请权或者外观设计权、使用该外观设计和实施第47条第（1）款（a）项至（c）项规定的专有权，但撤回申请、放弃登记或者订立许可合同只能由其一致同意。

第9章 外观设计许可合同

第51条 释　义

就本部分而言，许可合同指外观设计登记人（在本部分中简称"许可人"）授权他人或者企业（在本部分中简称"被许可人"）实施第47条第（1）款（a）项、（b）项和（c）项所规定之任一行为或者所有行为的合同。

第52条 许可合同的格式和记录

（1）许可合同应为书面合同并经缔约各方或者其代表签署。

（2）缔约方或者其代表签署书面请求的，局长应在其缴纳规定费用后将各方要求记录的合同详情记录在登记簿中：

不得要求各方披露或者记录关于上述合同的任何其他详情。

第53条 被许可人的权利

许可合同中无相反约定的，被许可人：

（a）在外观设计登记的有效期间内（包括续期）有权在斯里兰卡实施第47条第（1）款（a）项、（b）项和（c）项所述的任何或者所有行为；

（b）无权转让或者转移其在许可合同项下的权利或者向第三人授予分许可。

第54条 许可人的权利

（1）许可合同无相反规定的，许可人可以就相同的外观设计再次授权第三人实施或者代表自己实施第47条第（1）款（a）项、（b）项和（c）项所述的某项或者所有行为。

（2）许可合同规定为独占许可的，除非在该合同中另行明确约定，否则许可人不得就相同的外观设计再向第三方授权许可或者自行实施、促使他人实施第47条第（1）款（a）项、（b）项和（c）项所述的任何行为。

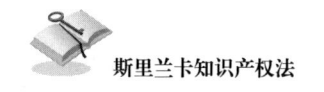

第 55 条　许可合同中的无效条款

许可合同中的任何条款或条件，如向被许可人施加的限制并非源于本部分授予外观设计登记所有人在工业或者商业领域的权利或者并非维护此类权利所必需的，应宣告无效：

(a) 限制使用外观设计的范围、程度、期限或者地理区域，使用外观设计的产品的质量或者数量；和

(b) 要求被许可人承担不得实施损害外观设计有效性的义务；

不应被视为构成该等限制。

第 56 条　登记无效时许可合同的效力

许可合同期满前登记被宣告无效的，被许可人无须向许可人支付许可合同项下的任何款项并有权要求返还已付款项：

在考虑所有的情况特别是被许可人是否已经从许可中获利的情况后，许可人如能证明该返还是不公平的，则无须返还或者部分返还。

第 57 条　许可合同的期满、终止或者无效

局长应：

(1) 确信记录的许可合同已经到期或者终止的，应根据缔约方或者其代表签署的书面请求在登记簿中记录该事实；

(2) 应在登记簿中记录根据本部分任何规定而许可合同到期、终止或者无效的情况。

第 58 条　涉及境外支付的许可合同

(1) 局长有正当理由确信任何许可合同或者许可合同的修改或续订：

(a) 涉及在境外支付许可使用费的；或

(b) 基于与该许可合同相关的其他情形；

不利于斯里兰卡经济发展的，应就该事实与中央银行行长书面沟通并向中央银行行长移交其职责范围内所有的与确定上述事实相关的重要资料。

(2) 收到第（1）款下的任何资料后，中央银行行长认为上述许可合同、合同修改或者续订不利于斯里兰卡经济发展的，应书面通知局长，局长应撤

销并宣告登记簿中该合同的备案无效。

（3）转让和转移应参照适用本条规定。

（4）分许可应参照适用本章规定。

第 10 章　外观设计登记的放弃与无效

第 59 条　登记的放弃

（1）外观设计的登记所有人可以向局长提交由本人或者其代表签署的书面声明以放弃登记。

（2）收到上述声明后，局长应将该放弃登记在登记簿中记录并通过公报予以公告。

（3）该放弃自局长收到声明之日起生效。

（4）外观设计的许可合同已在登记簿上记录的，除非每个已记录的被许可人或者分许可的被许可人签署声明同意放弃或者在许可合同中明确表示同意放弃，否则局长不应接受或者记录上述放弃声明，但许可合同有相反约定的按约定。

第 60 条　登记的无效

（1）根据任何享有合法利益者或者任何主管机关包括局长的申请，法院可根据下列任何一项或者多项事由向另一方，包括外观设计的登记所有人、任何已记录的受让人、被许可人和分许可的被许可人确认外观设计登记无效：

（a）不符合第 29 条、第 30 条和第 31 条规定的：

对第 29 条第（2）款规定的无效事由在向法院申请之日并不明显的不应予以考虑；

（b）相同的外观设计因在先申请已经登记或者因在另一国家以在先登记为由申请登记且已被授予优先权的；

（c）已登记的外观设计的基本要素非法衍生自第 33 条所指的另一人的创造的。

（2）登记包含的本条第（1）款下的申请涉及多项外观设计，但无效理由仅涉及部分外观设计的，法院仅能确认无效理由适用范围内的外观设计登记无效。

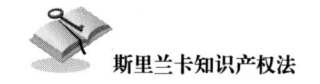

第61条　无效的日期和效力

（1）法院最终判决外观设计登记全部或者部分无效的，外观设计的登记视为自该登记之日起全部或者部分无效（视情况而定）。

（2）无效判决是终局的，法院的司法常务官应通知局长，由其将该判决在登记簿中备案并发布公报予以公告。

第4部分

第11章 定　义

第62条　发明的定义

（1）在本部分中，发明是指发明人作出的能够在实践中解决技术领域的特定问题的方案。

（2）发明可能是或者可能涉及产品或者方法。

（3）下列各项尽管属于第（1）款意义上的发明，但不具有可专利性：

（a）发现、科学理论和数学方法；

（b）植物、动物和其他微生物，但不包括转基因微生物以及为了生产植物和动物的除生物或者微生物方法以外的本质上属生物学的方法：

对微生物授予专利应遵守本法规定；

（c）商业活动、纯粹智力活动或者游戏的方法、方案、规则；

（d）通过外科手术或者医治人体或者动物身体的治疗方法以及应用于人体或者动物身体的任何诊断方法：

上述方法中使用的任何产品均可被授予专利权；

（e）用于原子武器的利用核材料或者原子能的发明；

（f）在斯里兰卡境内被商业利用的任何发明都必须保护公共秩序和道德，包括保护人类、动物或者植物的生命或健康或者避免严重损害环境。

第63条　可授予专利的发明

一项发明如具有新颖性、创造性和工业应用性，则可被授予专利。

第64条　新颖性

（1）一项发明如无法通过现有技术进行预测，则具有新颖性。

（2）现有技术包括：

（a）提交申请之日或者主张发明专利申请的优先权日之前在世界任何地方被以书面出版物、口头披露、使用或者以任何其他方式向公众披露的任何技术方案；

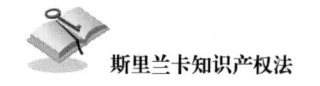

（b）在斯里兰卡提交的与（a）项所述专利申请相比具有较早申请日或者优先权日的专利申请的内容，但该内容应被纳入基于在斯里兰卡提起的该专利申请授予的专利。

（3）在下列情况下，对第（2）款（a）项所述的披露不予考虑：

（a）该披露发生在专利申请日之前 1 年内且该披露或后续行为是由申请人或其名义上的前任所为；

（b）该披露发生在专利申请日之前 6 个月内且该披露是由于滥用申请人或其名义上的前任人的权利所致。

第 65 条　创造性

考虑到与专利申请要求的创造性相关的现有技术，该创造性对具有普通专业技能的人来说并非显而易见时，应当视为发明具有创造性。

第 66 条　发明的工业应用性

若发明可在任何工业领域中被制造或者使用，则应当视为具有工业应用性。

第 12 章　专利权

第 67 条　专利权

（1）在符合第 68 条规定的情况下，专利权属于发明人。

（2）两人或者多人共同发明的，专利权属于共同发明人。

（3）两人或者多人相互独立地创造相同发明的，只要申请未被撤回、放弃或者拒绝，则专利权由最早提出申请的人享有，主张优先权的专利权由有效主张最早优先权日的申请人享有。

第 68 条　在侵权案中法院判决转让专利申请或者专利

专利申请或者专利所主张的发明的基本要素非法衍生自他人享有专利权的发明的，该他人可申请法院命令向其转让该专利申请或者专利：

提交专利申请后，专利权人同意提交该专利申请的，该同意就各方面而言应被视为自提交该申请之日生效；

自授予专利之日起满 5 年后，法院不再受理该专利的转让申请。

第69条　由雇员或者根据委托完成的发明

（1）任何雇佣合同或者委托合同中无相反规定的，在履行该雇佣合同或者委托合同中完成的发明的专利权应属于雇主或者该工作的委托人（视情况而定）：

发明获得的经济价值远大于各方在签订雇佣合同或者委托合同中的合理预期（视情况而定）时，若当事人之间没有约定，则发明人有权获得由法院依据申请确定的合理报酬。

（2）雇佣合同未要求其从事任何创造性活动的雇员在雇主的工作范围内使用雇主交由其处置的资料或者工具完成的发明，如果雇佣合同没有相反规定，则该发明的专利权属于雇主：

雇员有权获得合理的报酬，当事人之间没有约定时，雇员可向法院申请根据其薪酬、发明的经济价值和雇主获得的任何收益确定该报酬。

（3）根据第（1）款和第（2）款授予发明人的权利不受合同限制。

第70条　发明人的署名

（1）专利证书应载明发明人的姓名，但发明人或其代表签署书面声明并提交给局长，表示其决定在专利证书中放弃署名的除外。

（2）任何合同条款不得修改第（1）款的规定。

第13章　申请授予专利权的要求和程序

第71条　申请的要求

（1）（a）向局长申请授予专利的，应按照规定的格式提出，其申请资料应包括：

（ⅰ）专利授予请求书；

（ⅱ）专利说明书；

（ⅲ）一项或者多项权利要求；

（ⅳ）一份或者多份附图（如要求）；

（ⅴ）摘要；

（ⅵ）申请人针对与本申请中主张的发明相同或实质相同的发明在境外提交的专利申请（以下简称"外国申请"）的日期和编号（如有）；

（ⅶ）申请人或者其名义前任人针对与申请中主张的相同或实质相同的发明在提交申请前未在境外获得专利的声明。

（b）第（1）款（a）项（ⅶ）目规定的声明存在欺诈的，法院可根据利害关系人或者包括局长在内的主管机关的申请宣告专利无效。该专利的登记所有人、受让人和被许可人是该申请的另一方当事人。

（c）申请人的经常居住地或者主要营业地在斯里兰卡境外的，应委托居住在斯里兰卡的代理人代理申请，并且申请书应写明该代理人的姓名和地址并附有申请人向该代理人授权的委托书。

（d）申请书可附有发明人签署的声明，表明其姓名、地址并要求在专利上注明其为发明人。

（2）（a）请求书应包括：

（ⅰ）授予专利的请求；

（ⅱ）发明的名称；

（ⅲ）申请人、发明人和代理人的名称、地址、说明及任何其他规定信息（如有）。

（b）申请人不是发明人的，请求书应附有证明申请人享有专利申请权的声明。

（c）局长应将（b）项所指声明的副本发送给发明人，发明人有权查阅申请并在缴纳规定费用后获得其副本。

（3）说明书应当足够清楚和完整地披露发明，以使该发明可被审查并能使在相关技术领域具有普通技能的人据此实施，尤其应表明申请人已知实施发明的最佳方式。

（4）一项或者多项权利要求应当清楚、简明并得到说明书的支持。

（5）对理解发明有必要时，应提供图纸。

（6）权利要求书的任何条款应确定专利保护的范围且说明书和图纸可用于解释该权利要求。

（7）摘要的目的是说明技术信息，而不得用于确定或者解释专利保护的范围和程度。

（8）对于根据《专利合作条约》在斯里兰卡境外提交的任何指定国为斯里兰卡的专利申请，如果申请人向局长提交相应申请的，视为根据本法提交的申请。

在本章中，《专利合作条约》指 1970 年 6 月 19 日于美国华盛顿签订的

《专利合作条约》，包括以后修正的内容。

第 72 条　申请费
申请专利应向局长缴纳规定的费用，否则不予受理。

第 73 条　检索报告
（1）申请人应在规定的期间内按规定的类型提交检索报告，检索报告不是英文的，应附有英文译本；

作为该检索报告的替代，申请人可请求局长将专利申请转至一名当地审查员，由其在规定的期间内向局长提交一份有关现有技术的报告，审查员应在权利要求书的基础上适当考虑说明书和附图（如有）后审查专利申请并在设施设备允许的情形下尽力发现尽可能多的相关现有技术；出于检索目的，当地审查员应当参考其可获得的关于现有技术的所有资料。

（2）申请人要求局长将其申请转至当地审查员的，应在向局长提交申请时缴纳规定的费用。

（3）（a）外国专利申请涉及的发明与申请人根据本法申请专利的发明相同或者实质相同时，应局长要求，申请人应向其提交外国专利申请的下列文件：

（ⅰ）申请人收到的关于外国申请的检索报告或者审查结果的任何通知的副本；

（ⅱ）根据外国申请授予专利证书的副本；和

（ⅲ）驳回外国申请或者拒绝授予外国申请所请求的专利的有效决定书的副本。

（b）应局长要求，申请人应向其提交（a）项所述的外国申请的专利权被宣告无效的有效决定书的副本。

（4）在本条中，"当地审查员"指局长可向其送交专利相关问题的任何技术人员。

第 74 条　发明的单一性
一项申请应当仅涉及一项发明或者相互联系而属于一个总的发明构思的一组发明。

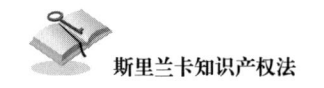

第 75 条　申请的修改和分案

（1）申请人可修改申请，但修改不得超出原申请披露的范围。

（2）（a）申请人可将申请分为两项或者多项申请（以下简称"分案申请"），但每项分案申请不得超出原申请披露的范围。

（b）每项分案申请应享有原申请的申请日或优先权日（如适用）。

（3）修改申请或者提出分案申请的，应缴纳规定的费用。

第 76 条　优先权

（1）申请书可根据《专利合作条约》包含主张一项或者多项国家、地区或者国际申请的优先权声明，上述享有优先权的申请是由申请人或者其名义前任人在《专利合作条约》缔约国或者向《专利合作条约》缔约国提出的专利申请。

（2）申请含有第（1）款下的声明的，局长可以要求申请人在规定期间内提交在先申请的副本，该副本应由其所提交的知识产权局为此目的授权的官员核证其为该在先申请的正确副本，或者在先申请是根据《专利合作条约》提交的国际申请的，由世界知识产权组织国际局为此目的授权的机构予以核证。

（3）第（1）款所述声明的效力应与本法所述公约的规定相同。

（4）未遵守本条或根据本条订立的任何规章的任何要求的，第（1）款所述声明视为无效。

第 77 条　申请日

（1）局长应将收到申请的日期登记为申请日；

该申请日收到的申请书应包含下述内容：

（a）申请人的姓名和地址；

（b）发明人的姓名、地址，且如申请人不是发明人的，应有第 71 条第（2）款（b）项所述的声明；

（c）专利说明书；

（d）一项或者多项权利要求；

在收到申请书时，申请人应已缴纳规定的费用。

（2）收到申请书时，局长认为不符合第（1）款规定的，应要求申请人自提出该要求之日起 3 个月内提交修改意见。

（3）申请人遵守第（2）款所述要求的，局长应将收到所要求的修改意见之日登记为申请日；申请人未遵守第（2）款要求的，该申请被视为无效申请。

（4）申请所述的附图事实上未被包含在申请书中的，局长应要求申请人提交遗漏的附图。

（5）申请人遵守第（4）款所述要求的，局长应将收到遗漏附图的日期登记为申请日；申请人未遵守该规定的，局长应将收到申请的日期登记为申请日，但不应参考该附图。

（6）根据第 71 条第（8）款提交的指定国家为斯里兰卡的国际申请，其名称、说明书、附图、摘要和权利要求被视为符合本法的规定。

（7）已由知识产权局处理过的根据第 71 条第（8）款提交申请的日期被视为根据《专利合作条约》提交该申请的日期。

第 78 条　申请的审查

（1）局长应审查申请并确信其符合下列要求：

(a) 第 71 条第（1）款（b）项的规定（如适用）；

(b) 第 71 条第（2）款（a）项的规定；

(c) 第 71 条第（2）款（b）项的规定（如适用）；

(d) 说明书、权利要求和附图（如适用）符合规定；

(e) 申请主张的发明的基本要素不是非法衍生自斯里兰卡已授予的专利；

(f) 申请书中包括摘要；

(g) 已提交第 73 条所述的检索报告。

（2）局长认为申请不符合第（1）款所述条件的，应要求申请人自要求修改之日起 3 个月内提交修改意见；申请人未提交的，局长应根据第（3）款规定驳回该申请。

（3）申请人未就第（2）款的要求提交修改意见，但在规定的期间内缴纳了规定费用后，局长应将修改意见纳入申请书，并且如果未在规定的期间内缴纳规定费用的，应驳回申请。

（4）局长认为申请主张的发明的基本要素非法衍生自斯里兰卡已授予的专利的，应驳回该申请。

（5）局长应将根据第（2）款、第（3）款和第（4）款作出的决定通知

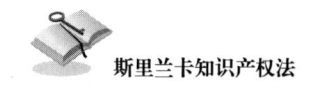

申请人并且任何驳回申请的决定应书面说明驳回的理由。

第79条 专利的授予

（1）不得基于下列理由拒绝授予专利权和宣告专利无效：所主张发明的商业利用被法律所禁止，但例外的情况是所主张的发明被禁止商业利用的原因是保护公共秩序或者道德，包括保护人类、动物或者植物的生命或者健康，或者是对避免环境的严重损害确有必要。

（2）局长确信申请人符合第78条第（1）款规定的，应授予专利并立即：

（a）将专利相关的详细情况记录在专利登记簿中并按照第80条的规定保存；

（b）向申请人颁发专利证书和包括检索报告在内的专利文件副本：

申请人没有提交国际检索报告，但已要求局长根据第73条但书将申请转至当地审查员的，局长应发布公告告知公众，说明自公告发布之日起3个月期满时可能向申请人授予专利，但法院另有指示的除外。

（3）此后局长应在切实可行的范围内尽快在公报上刊登关于专利授权的公告。

（4）局长执行第（2）款（a）项规定行为之日视为专利授权之日。

（5）第（2）款但书中提述的公告应包括申请人的姓名和地址（申请人居住在斯里兰卡境外的，应为其在斯里兰卡的邮寄地址）、发明的说明书和规定的任何其他信息。

（6）应局长要求，申请人应缴纳发布第（2）款但书中所述公告的规定费用，并且申请人自该要求之日起1个月内未能满足上述要求的，局长应拒绝授予专利。

第80条 专利登记簿

局长应备存及维持一份登记簿（以下简称"专利登记簿"），按照授予专利的顺序登记所有专利，注明专利编号、被授权人的名称和地址（被授权人是斯里兰卡境外居民的，应为其在斯里兰卡的邮寄地址）、申请日和授权日、专利申请或者专利所有权的任何变动、专利申请的修改、分案申请、专利申请或者专利权的转让或者转移、有效的优先权主张、专利的放弃或者无效，以及本部分授权或者指示或者不时规定应记录的其他专利相关事项。

第 81 条　查阅登记簿及经核证的副本

任何人均可查阅登记簿，以及在缴纳规定费用后取得经核证的内容摘录。

第 82 条　查阅申请文件

（1）专利授权后，任何人在符合第（2）款和第（3）款规定的情况下均可查阅专利相关文件并在缴纳规定费用后获得经核证的内容摘录。

（2）只有经申请人书面同意，方可在专利权授予前查阅专利申请相关文件：在授予专利前，局长可以向任何人披露下列信息：

（a）申请人的姓名、地址和说明以及代理人的姓名和地址（如有）；

（b）申请号；

（c）申请的提交日，主张优先权的应包括优先权日、在先申请的编号和提交在先申请的国家名称或者提交申请的所有国家的名称及办事机构（在先申请是区域性申请或者国际申请的）；

（d）发明的名称；

（e）申请权变动和与申请有关文件中出现的许可合同提及的变动。

（3）适用第 79 条第（2）款但书规定的、本条第（1）款和第（2）款提及的专利授权被视为公布了该但书中所述的公告。

（4）知识产权局的雇员在受雇期间或者雇用终止后 1 年内不得申请专利或者被授予专利，不得以任何方式取得或者持有与专利权有关的任何权利。

第 14 章　专利权的期限

第 83 条　专利权的期限

（1）在符合且不损害本部分其他规定的情况下，专利权的期限为 20 年，自提交登记申请之日起计算。

（2）自授予专利之日起第二年届满前，拟维持专利效力的，专利权人应在第二年和其后每一年届满之日前 12 个月内缴纳规定的年费：

期满后按规定缴纳附加费的，给予 6 个月的宽限期。

专利权人可以按规定提前缴纳全部或者部分年费。

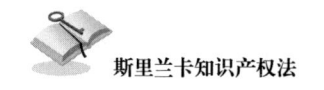

第 15 章　专利所有人的权利

第 84 条　专利所有人的权利

（1）在符合且不损害本部分其他规定的情况下，专利所有人就发明专利享有下列专有权：

（a）实施发明专利；

（b）转让或者转移专利；

（c）订立许可合同。

（2）未经专利所有人同意，任何人不得实施第（1）款所述行为。

（3）在本部分中，"实施"发明专利指针对专利的任何下列行为：

（a）针对产品授予专利的：

（i）制造、进口、许诺销售、销售、出口或者使用该产品；

（ii）为许诺销售、销售、出口或者使用的目的而存储该产品。

（b）针对方法授予专利的：

（i）使用该方法；

（ii）针对通过该方法直接获得的产品实施（a）项所述的任何行为；

（iii）阻止任何人使用该方法或者使用、销售、进口通过该方法直接获得的任何产品，但行为人获得授权的除外。

第 85 条　被指控侵权人的举证责任

（1）专利的对象是取得产品的方法，有下列情形之一的，民事诉讼中的举证责任由声称侵权产品不是通过专利方法取得的被指控侵权人承担：

（a）产品是通过专利方法获得的新产品的；或

（b）存在由专利方法获得产品的实质可能性且专利所有人不能通过合理的努力证明实际使用了该方法的。

（2）在收集和评估证据时，应考虑被指控侵权人为保护自身合法利益而未披露的信息。

第 86 条　专利所有人的权利限制

（1）第 84 条的规定应：

（i）仅适用于工业或者商业目的的行为，尤其不得扩至仅为科学研究目的的行为；

（ii）不得妨碍被许可人或者第87条规定的权利人实施发明专利；

（iii）不扩大至对临时或者偶然进入斯里兰卡领水、领空或者领陆的外国船舶、飞机、航天器或者陆地交通工具提供或者使用专利产品；

（iv）不扩大至由专利所有人或者许可制造商投放到市场的产品相关的行为。

（2）（a）任何个人、组织、政府部门或者法定机构为获得专利实施许可，可按规定的方式向局长提出申请。

（b）收到该申请后，局长确信申请人已努力以合理的商业条款和条件向权利持有人获得许可，但在合理的期间内并未得到许可的，局长可以签发专利实施许可。

（c）局长确信国家出现紧急状态、其他极端紧迫情况的，为了非商业性的公益使用目的，例如国家安全、营养、健康，或者为了发展其他重要的国民经济行业，可以不考虑（b）项规定。

（d）实施专利应限于为许可目的而规定的范围和期间。该实施主要以用于供应国内市场为目的。

（e）在批准专利实施许可前，局长应根据具体情况考虑每份申请。

（f）签发的许可应为非独占许可并由局长在考虑经济价值和反不正当竞争行为的需要（如适用）后确定应向专利所有人支付的合理报酬。

（g）实施专利（在后专利）若无法避免不侵犯另一专利（在先专利），则申请许可应符合下列条件：

（i）在后专利所主张的发明相对于在先发明而言应具有重大技术进步和重大经济意义；

（ii）在先专利所有人有权以合理条件获得实施在后专利所主张发明的交叉许可；和

（iii）实施在先专利的许可除了与在后专利同时转让，其他不得转让。

（h）应在切实可行的范围内尽快将局长的决定书面通知专利所有人。

（i）应所有人或者许可受益人的请求，在听取双方当事人意见后，局长应仅在证明该修改具有正当性的情况下通过修改签发的专利实施许可条件来变更其决定。

（j）局长确信使其作出决定的情形已经不存在且不可能再出现或者许可不符合该许可条件的，根据所有人的请求，应终止非自愿许可。

（k）尽管存在（j）项规定的情况，但局长确信对许可受益人法律利益的充分保护证明继续该许可具有正当性的，不得终止该许可。

（l）实施专利的许可仅可与被授权实施该专利的被许可人的企业或业务或者该企业或业务的一部分共同被转让。

（m）司法或者行政机关认为该专利所有人或者被许可人实施专利的方式构成不正当竞争且局长确信根据本条实施专利可纠正此行为时，局长可以授权任何个人、组织、政府部门或者法定机构实施专利而无须获得专利所有人的许可。上述各项规定均适用于该许可，但（b）项、（c）项和（g）项除外。

（3）因局长根据第（2）款作出的决定而受到侵害的任何人可就此提起诉讼。该诉讼参照适用第173条的规定。

第87条　源于在先制造或者在先使用的权利

（1）某人在提交专利申请日或者优先权日（如适用）：

（a）在斯里兰卡善意地制造产品或者使用属于该申请中所主张发明客体的方法；

（b）在斯里兰卡善意且认真地准备制造或者使用（a）项所述的产品或者方法的：

即使已授予专利，其也有权实施发明专利。

上述人员应在斯里兰卡制造产品或者使用方法：

该发明是根据第64条第（3）款（a）项或（b）项规定的情形予以披露的，可以证明其对发明的了解并非由于该披露。

（2）第（1）款所述的权利，除非作为相关主体业务的一部分，否则不得转让或者转移。

（3）本条各项规定不得影响任何人基于该发明根据本法第63条、第64条、第65条和第66条规定的不可授予专利，而对专利授权提出异议或者根据第68条和第99条寻求救济的权利。

第16章　专利申请及专利的转让和转移

第88条　专利申请及专利的转让和转移

（1）专利申请或者专利可以转让或者转移，并且该等转让或者转移应由缔约各方或者其代表签署书面协议。

（2）因转让或转移而获得专利申请及专利的任何人可按规定的方式向局长申请将该转让或者转移记录在登记簿中。

（3）非经向局长缴纳规定费用，该转让或者转移不得记录在登记簿中。

（4）非经在登记簿中记录，该转让或者转移对第三人不发生效力。

第89条　专利申请或者专利的共同所有权

在各方之间没有相反约定的情况下，专利申请或者专利的共同所有人可以单独转让或者转移其享有的专利申请或者专利权、实施发明专利，以及针对未经其同意而实施发明专利的任何人采取行动，但只能共同撤回专利申请、放弃专利或者订立许可合同。

第17章　专利许可合同

第90条　释　　义

在本部分中，许可合同指专利所有人（在本部分中简称"许可人"）向其他个人或者企业（在本部分中简称"被许可人"）授予许可，允许其实施第84条第（1）款（a）项和第84条第（3）款所述的任何或者所有行为的任何合同。

第91条　许可合同的格式和备案

（1）许可合同应书面订立并经缔约各方或者其代表签署。

（2）根据由缔约各方或者其代表签署的书面请求，在缴纳规定费用后，局长应将各方要求记录的合同内容在登记簿上记录：

不要求各方披露或者记录与该合同相关的任何其他详情。

第92条　被许可人的权利

在许可合同没有相反约定的情况下，被许可人：

（a）有权在斯里兰卡境内实施第84条第（1）款（a）项和第84条第（3）款所述的任何或者所有行为，发明专利的应用和时间不受限制；

（b）无权转让或转移其在许可合同项下的权利或者向第三人进行再许可。

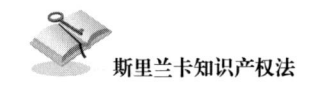

第93条　许可人的权利

（1）在许可合同没有相反约定的情况下，许可人可以就同一专利再向第三方授予许可或者实施第84条第（1）款（a）项和第84条第（3）款所规定之任一行为或者所有行为。

（2）许可合同约定许可为独占许可的，除非该合同另行明确规定，否则许可人不得就同一专利再向第三人授予许可或者实施第84条第（1）款（a）项和第84条第（3）款所述的任何和所有行为。

第94条　许可合同中的无效条款

在工业或者商业领域的限制只要并非源于专利所有人根据本部分授予的权利或者对保护该权利并非必要，许可合同强加给被许可人的任何条款或者条件均属无效：

（a）关于发明专利的范围、程度或实施期间的限制或者关于可实施发明专利的地理区域或可实施发明专利产品的质量或数量的限制；和

（b）为避免损害专利有效性而对被许可人施加的义务；

不视为构成该限制。

第95条　专利申请未获授权或者专利被宣告无效的效力

在许可合同期满前，合同约定的专利申请或者专利发生下列任一情况的：

（a）专利申请被撤回；

（b）专利申请最终被驳回；

（c）专利被放弃；

（d）专利被宣告无效；或

（e）许可合同记录无效的；

不得再要求被许可人根据许可合同向许可人支付任何款项，被许可人有权要求返还已付款项：

许可人能证明根据相关情况返还该款项是不公平的，特别是被许可人实际已从该许可中获利的，不得要求许可人返还全部或部分款项。

第96条　许可合同期满、终止或者无效的记录

局长应：

（a）如确信在登记簿上记录的许可合同已届满或者终止，则应根据经各方或各方代表签署的书面请求将该事实记录在登记簿中；

（b）应根据本部分规定将许可合同的期满、终止或者无效在登记簿中予以记录。

第97条　涉及境外支付的许可合同

（1）局长有正当理由相信下列任何许可合同或者许可合同的修改或者续期：

（a）涉及境外支付许可使用费；或

（b）因与该许可合同有关的其他情况而不利于斯里兰卡经济发展的；

应就该事实与中央银行行长书面沟通并向中央银行行长移交由其保管的与判断该事实相关的所有文件。

（2）收到第（1）款所述的任何文件后，中央银行行长书面通知局长，表示上述许可合同、修改或者续期不利于斯里兰卡经济发展的，局长应撤销并宣告登记簿中对合同的备案无效。

（3）转让和转移参照适用本条的规定。

（4）分许可参照适用本章的规定。

（5）本章的规定不适用于第86条第（2）款所述的许可申请。

第18章　专利的放弃和无效

第98条　专利的放弃

（1）专利的登记所有人可以通过书面声明放弃专利，该声明应由本人或者其授权代表签字并提交给局长。

（2）专利的放弃应限于对一项或者多项权利要求。

（3）收到放弃声明后，局长应将其记录在登记簿中并在公报上公告。

（4）该放弃自局长收到声明之日起生效。

（5）针对专利的许可合同已在登记簿中备案的，局长在该许可合同没有相反约定的情况下，非经收到所有备案的被许可人或分许可的被许可人署名同意放弃的声明，不得接受或者记录该放弃，但在许可合同中明确同意放弃的除外。

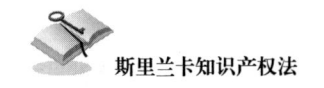

第 99 条　专利的无效

（1）任何表明具有合法权益的人或者任何主管机关（包括局长）均可提出申请，法院可根据下列一项或者多项事由宣告专利无效，相对于专利所有人和每一受让人，记录的被许可人或者分许可的被许可人应作为一方当事人：

（a）要求授予专利的发明并非第 62 条第（1）款所指的发明，或者根据第 62 条第（3）款或者第 79 条第（1）款不属于受保护的范围，或者是因未满足第 63 条、第 64 条、第 65 条和第 66 条的要求而不可被授予专利；或

（b）说明书或者权利要求书未满足第 71 条第（3）款和第（4）款的要求；或

（c）未提供理解所主张发明所需的任何附图；或

（d）专利权属于他人而非被授予专利的人：

该专利未被转让给专利权所属人。

（2）（a）第（1）款仅适用于部分权利要求或者权利要求的部分内容的，法院可以宣告该权利要求或者权利要求的部分内容无效。

（b）对权利要求的部分无效应以限定的相应形式宣告。

（3）（a）根据第（1）款已成为申请方的另一方当事人的受让方、被许可人或者分许可的被许可人（视情况而定）与专利所有人签订的任何合同或者协议无任何相反规定的，有权参加诉讼程序。

（b）根据第（1）款（d）项所述的事由向法院提交申请的申请人应向声称拥有专利权的人告知该申请。

第 100 条　无效的日期和效力

（1）法院最终判决宣告专利权全部无效或者部分无效的，自授权之日起专利被视为全部无效或者部分无效（视情况而定）。

（2）无效宣告是终局的，法院的司法常务官应通知局长，局长应将上述宣告记录在登记簿中并在公报上公布。

第 5 部分

第 19 章 商标和商号

第 101 条 定 义

就本部分而言，除文意另有所指外：

证明商标，指针对使用该商标的商品或服务，由商标所有人证明该商品的产地来源、原料、制造方式或提供服务的方式、质量、准确性或其他特征的标志。

集体商标，指在注册所有人控制下，旨在区分使用该商标的不同企业的商品或服务的产地来源或其他共同特征的任何可视性标志。

企业，指进行任何商业、工业或其他活动的个人、合伙企业、公司或合作社，无论其在何处登记或成立，也无论其是否根据与公司、合作社有关的任何现行法律登记或成立，还包括从事或意图从事任何经营活动的工商户，也包括政府或任何在斯里兰卡境内外实施任何商业活动的国有企业。

虚假商业描述，指就其所适用的商品或服务而言具有实质性的虚假或误导性的商品描述并且包括通过添加、删除或其他方式对商品描述作出的任何变更，前提是此类变更作出了实质性的虚假或误导性描述，商品描述作为商标或部分商标的事实并不妨碍此类商品描述作为本节定义的虚假商品描述。

原地理标志部分根据斯里兰卡 2022 年第 8 号法第 4 条予以废除。

商品，指作为贸易、制造或买卖对象的产品，包括服务。

产地标记，指用以表明商品或者服务来源于某一特定国家或者国家集团、地区或者地方的任何表述或者标志。

商标，指商品商标或服务商标。

名称，指包括名称的任何缩写。

个人，指制造商、经销商、贸易商或其他主体，包括任何法人或非法人团体。

服务商标，指用于区分一个经营者的服务与另一个经营者的服务的任何可视性标志。

商业描述，指对下列事项直接或间接的描述、陈述或说明：

(a) 关于任何商品的编号、数量、尺寸、规格或重量；或

(b) 关于任何商品的制造或生产地点或国家；或

(c) 关于制造或生产任何商品的模式；或

(d) 关于任何商品构成的材料；或

(e) 关于商品是受到本法保护的现有版权、邻接权、工业品外观设计或专利或任何其他受保护权利的商品；或

(f) 关于服务的质量、种类或性质；或

(g) 关于根据在行业中的常用或公认分类、任何商品的质量标准；或

(h) 关于任何商品的用途、强度、性能或性状的适合性，

并且根据该行业的惯例，使用通常被视为上述任何事项标识的任何数字、文字或标记的，应被视为本部分定义的商品描述。

商品商标，指用于区别一个经营者的商品与另一个经营者的商品的任何可视性标志。

商号，指识别从事经营的自然人或法人的名称或标示。

第20章 可注册的商标

第102条 商标的可注册性

（1）除另有规定外，本部分授予的商标专用权应通过注册取得。

（2）商标注册可以授予下列人员：

(a) 最先符合有效申请条件的申请人；或

(b) 最先有效地要求最早优先权的申请人：

此类商标不得根据第103条和第104条不予以受理。

（3）商标尤其可以包括任意的或臆造的标示、名称、笔名、地名、标语、装置、浮雕、字母、数字、标签、信封、徽记、印刷品、印戳、印章、装饰图案、布边、镶边、商品或容器的颜色、形状的组合、排列。

第103条 基于客观理由不予注册的商标

（1）下列标志不得进行注册：

(a) 由商品或服务的固有性质或其工业功能决定的形状或形式组成的标志；

(b) 仅包含在交易中用于指示商品或相关服务的种类、质量、数量、目

的、价值、原产地、生产时间或提供时间的标志或指示；

（c）仅由一个标志或指示组成，该标志或指示在斯里兰卡现行语言或既定的贸易惯例中已成为有关商品或服务的惯用标志；

（d）无法将一个企业的商品或服务与其他企业的商品或服务区分开来；

（e）包含任何诽谤性设计或违反道德或公共秩序，或者局长或将来可能处理该事项的任何法院认为可能冒犯任何群体的宗教或种族敏感性的标志；

（f）在服务或相关服务的性质、来源、地理标志、制造工艺、特点或用途适用性方面有可能使业界或公众产生误解的标志；

（g）不是以特殊或特别方式代表个人或企业名称的标志；

（h）根据其通常意义是地理名称或其别名的标志；

（i）复制或模仿任何国家、任何政府间国际组织或根据国际公约成立的任何组织的徽章、旗帜或其他徽记、首字母、名称或缩写的标志，但经该国主管机关或国际组织授权的除外；

（j）复制或模仿某国家的官方标志或办公地的标志，但经该国主管机关授权的除外；

（k）与某个商标或集体商标、证明商标近似可能误导公众的标志，该商标或集体商标、证明商标的注册已经到期并且在将标志申请商标注册之前的 2 年期限内没有续期，或者在将标志提交注册申请之前的 2 年期限内某个商标或集体商标、证明商标已经被放弃、撤销或无效且记录在登记簿中；

（l）拟在斯里兰卡禁止进行交易的商品或服务上注册的标志；

（m）由任何其他规定的术语或定义构成的标志。

（2）在适用第（1）款（b）项、（c）项、（d）项、（f）项、（g）项和（h）项的规定时，局长应考虑所有实际情况，尤其是商标在斯里兰卡或其他国家使用的时间以及商标在其他国家或业界被认为具有显著性的事实。

第 104 条　因第三人权利不予注册的商标

（1）局长不得对下列商标进行注册：

（a）在与此商标有关的相同或类似商品或服务上与第三人已经有效备案或注册或者随后由有效优先权人员申请的商标近似，以致可能误导公众的；

（b）在相同或类似的商品或服务上与第三人在斯里兰卡早期使用的未注册商标近似以致可能误导公众且申请人知道或不可能不知道这种使用的；

（c）商标与第三人在斯里兰卡已经使用的商号近似且申请人知道或不可

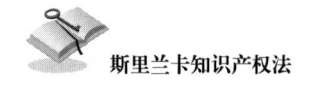

能不知道这种使用的；

（d）如果商标与在斯里兰卡已经驰名的第三人相同或类似的商品或服务上的商标或商号相同，具有误导的相似性，或者构成翻译、音译或转录，或者将在斯里兰卡的驰名商标或商号注册在与第三人商品或服务不相同或不类似的商品或服务上，在这些商品或服务使用商标将表明这些商品或服务与驰名商标所有人之间的联系并且该驰名商标所有人的利益很可能因使用该商标而受到损害；

（e）侵犯其他第三人权利或者违反第32章有关禁止不正当竞争的规定；

（f）未经商标所有人授权而该商标所有人的代理人或代表人在其他国家提出注册申请的，但该代理人或代表具有正当理由的除外。

（2）在确定商标是否驰名商标时，应考虑下列因素：

（Ⅰ）与每个标志有关的特殊事实和情况；

（Ⅱ）可推断该商标为驰名商标的任何事实或情况；

（Ⅲ）相关公众对该标志的了解程度或认可程度；

（Ⅳ）商标使用的持续时间、范围和地理区域；

（Ⅴ）商标推广的持续时间、范围和地理区域，包括广告或宣传以及在任何展销会或展览会上对商标所适用商品或服务的展示；

（Ⅵ）注册或申请注册的期限和地理区域，只要能一定程度上反映出该商标的使用或识别的情形；

（Ⅶ）商标权被主管机关成功执法的记录，特别是商标被其认定为驰名商标的；

（Ⅷ）与商标有关的价值；

（Ⅸ）本款规定的确定商标是否驰名的标准不应是排他性的或详尽的；

（Ⅹ）就本款而言：

（a）主管机关，指负责确定商标是否为驰名商标或对驰名商标执行既定保护的行政、司法或准司法机关；

（b）相关公众包括：

（ⅰ）商标所适用的商品或服务的实际或潜在消费者；

（ⅱ）涉及该商标所适用的商品或服务的销售渠道的人员；

（ⅲ）涉及该商标所适用的商品或服务的任何人员或团体。

（3）在适用第（1）款（a）项至（e）项规定时，局长应考虑在这些条款中提及的第三人已经同意对此类商标进行注册的事实。

第 105 条　不得在登记簿中填写信托

不得在登记簿中填写任何明示的、默示的或推定的信托通知并且局长也不得接受任何此类通知。

第 21 章　申请注册商标的要求和程序

第 106 条　申请书的要求

（1）应采用规定格式向局长提交商标注册申请书，注册申请书应包括下列内容：

（a）商标的注册申请；

（b）申请人的姓名、地址，如果居住在斯里兰卡境外则应说明其在斯里兰卡的送达邮寄地址；

（c）商标标志的 5 份副本；

（d）要求商标注册的特定商品或服务的清楚及完整的清单并注明在国际分类中所确定的相应单一类别或多个类别。

（2）如果通过代理人提出注册申请，则应当附有申请人授予代理人的授权委托书。

第 107 条　优先权

希望利用在公约国提出的较早的申请的优先权的某项商标注册的申请人，应在此类较早申请日期的 6 个月内在注册申请中附加一份书面声明，表明较早申请的日期和编号、申请人姓名和自己或其前任人提出此类申请的国家，并且应在斯里兰卡提出较晚申请之日起 3 个月内提供由提出此类较早申请所在国有关主管机关证实无误的较早申请书的副本。

第 108 条　对在国际展览会上展示的商标进行临时保护

（1）在官方主办或官方认可的国际展览会上展出载有商标的商品或者根据商标提供服务，自载有该商标的商品或根据该商标提供的服务在该展览会首次展出或提供之日起 6 个月内对某项商标申请注册的，根据申请人的请求，应被视为载有该商标的商品或根据该商标提供的服务在该展览会首次展出或提供之日该申请人已经对该商标申请了注册。

（2）展示载有该商标的商品或根据该商标提供服务的证据，应当是由展览会有关主管机关签发的证明，说明在该展览会上针对该商品或服务首次使用了该商标的日期。

（3）第（1）款和第（2）款的规定不适用于申请人要求优先权的任何其他期限。

第109条 申请费

除非已经向局长缴纳了规定费用，否则不得受理对某项商标提出注册的申请。

第110条 对申请进行形式审查

（1）局长应审查商标注册申请人是否满足在第106条和第109条规定的要求以及第107条和第108条（如适用）的规定。

（2）申请人未遵守第106条和第109条规定的，局长可拒绝商标注册：

局长应首先将申请中的任何缺陷通知申请人并且向申请人提供机会以便其在收到此类通知之日起的3个月内纠正此类缺陷。

（3）申请人纠正此类缺陷的日期应被视为收到注册申请的日期。

（4）申请人未遵守第107条或第108条规定的，局长不得就商标注册审查要求的优先权。

（5）申请人遵守第107条和第108条规定的，局长应记录就商标注册申请的优先权日或在确定的国际展览会上使用商标的日期。

（6）应申请人要求，局长拒绝对商标进行注册的，应书面说明其决定的理由。

第111条 经进一步审查后注册商标及公布商标

（1）申请人遵守第106条和第109条规定的，局长应根据第103条和第104条的规定审查商标。

（2）根据第103条或第104条不予注册的，局长应相应地书面通知申请人，说明拒绝商标注册的理由。

（3）申请人对局长在第（2）款所提及通知中说明的全部或任何理由不满意的，可以在收到此类通知之日起1个月内就此类拒绝向局长提出书面意见。

（4）局长收到书面意见后，可将听证决定及听证的日期、时间和地点通知申请人。

（5）在进行了其认为适当的此类调查后，局长可以拒绝商标的注册申请或者完全接受该申请，或者施加与使用的方式、地点有关的或其认为适合施加的条件或要求修改或修正此类限制（如有）后附条件地接受申请。

（6）局长决定拒绝或有条件地接受商标注册申请的，自拒绝或有条件地接受之日起3个月内应申请人的请求应书面说明其决定的理由。

（7）局长认为根据第103条或第104条允许受理商标的，可要求申请人在规定的公告申请期限内支付费用。

（8）在规定期限内未支付公告申请费用的，局长应拒绝商标注册。

（9）（a）在规定期限内支付公告费用的，局长应继续公告该注册申请，列明申请日期、商标标志、要求商标注册的商品或服务并表明相应的类别、申请人的姓名和地址，如果申请人居住在斯里兰卡境外则应说明斯里兰卡的送达邮寄地址、要求的优先权（如果有）或在国际展览会上证明使用该商标的日期。

（b）尽管有第（7）款、第（8）款和本款（a）项与费用和公告有关的规定，但局长仍可以自行决定并以书面通知的方式要求申请人公布在本款（a）项提及的申请。如果申请人自收到此类通知之日起3个月内未公布或忽略了公布申请的，局长应当驳回申请。

（10）如果任何人根据第103条或第104条所指明的一项或多项理由认为商标不应当予以注册的，可以自公布申请之日起3个月内在缴纳规定费用后以规定的格式向局长提交对该注册通知的异议，说明异议的理由，并附上证明该理由的证据。

（11）局长在本条第（10）款中规定的期限内未收到异议通知的，应对商标予以注册。

（12）局长在本条第（10）款中规定的期限内收到采用规定格式的异议理由通知和缴纳的费用的，应向申请人送达该异议理由的副本并应要求申请人在3个月内提出其对上述理由的书面答辩并附上支持其申请的证据。

（13）在收到申请人的意见后，局长认为有必要进行听证的，应在听取当事人意见后尽快决定是否应对商标进行注册。如果局长决定对商标进行注册，则：

（a）在对其决定提起上诉的期限届满后没有对其决定提起上诉的；

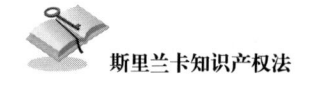

(b) 对其决定提起上诉后，该上诉已作出裁决的；

局长应相应地对此商标进行注册。

(14) 局长可以允许合理的延长根据本条规定必须采取的任何措施或必须支付任何费用的法定期限。

第112条 未完成注册

如果因申请人的过失导致自局长收到申请之日起12个月内未能完成商标的注册，则局长在以规定格式向申请人发出未完成注册的书面通知后，视为申请被放弃，但是在该通知中为此规定的时间内完成注册的除外。

第113条 商标登记簿和证书的颁发

（1）局长应保存"商标登记簿"，登记簿中应当按商标注册的先后顺序记录所有已注册的商标以及本部分授权或指示记录或随时规定的与商标有关的其他事项。

（2）商标的注册登记簿中应包括商标标志，说明其编号以及注册所有人的姓名和地址，并且如果注册所有人居住于斯里兰卡境外，则应说明其在斯里兰卡的送达邮寄地址、申请日和注册日；如果有效地申请了优先权，则应表明申请优先权所依据的事实、申请编号、日期和国家；如果就在国际展览会上使用的商标提交了有效证明，则表明此证明的内容、已被授予注册的商品或服务清单并注明其相应类别。

（3）商标注册后，局长应向注册商标的所有人颁发注册证书并应注册所有人的请求以挂号信的方式将此证书邮寄至其在斯里兰卡最后登记的邮寄地址，如果其居住在斯里兰卡境外则邮寄至其在斯里兰卡最后登记的邮寄地址。

第114条 已注册商标的公告

局长应以规定格式在公报上按注册的先后顺序公告所有的已注册商标，包括已经公告的每一个已注册商标的详情。

第115条 登记簿的查阅和核证副本

任何人在支付规定费用后均可查阅登记簿并可取得经核证的内容摘录。

第116条 关联商标

同一商品或服务申请注册的商标与申请人已注册的商标相同或非常相似,相同的描述由申请人之外的人使用在该类商品或服务上可能造成误导或混淆的,作为商标注册的条件,局长可以要求将此类商标作为关联商标登记于登记簿。

第117条 关联商标的转让和使用者

关联商标只可作为一个整体而不得单独转让和转移,但在所有其他目的上此类商标应被视为独立的注册商标:

如果根据本部分的规定,因其他目的必须证明注册商标的使用者时,局长如认为有必要,可以接受关联商标的使用者或对某商标作出添加或改动但没有实质性影响同一性的商标的使用者,二者同样被视为注册商标使用者。

第22章 商标注册的期限

第118条 注册期限

(1)在不妨碍本部分其他规定的前提下,商标的注册应在该商标注册之日起10年后到期。

(2)商标注册时,应参照局长收到注册申请的日期,就本部分目的而言,该日期被视为注册日。

第119条 续 展

(1)在支付了规定费用后,注册商标可以连续续展,每次续展10年。

(2)注册商标的续展不受局长对该商标的进一步审查,任何人都不能提出异议。

(3)续展费应在注册期限届满之前12个月内支付:

在支付了规定的附加费后,应允许6个月的宽限期以便于到期日后支付续展费。

(4)局长应在登记簿中记录并且安排以规定格式在公报上公布所有的续展,指明从商品或服务清单中删除的任何事项。

(5)在规定的期限或第(3)款规定的宽限期内未支付续展费用的,局

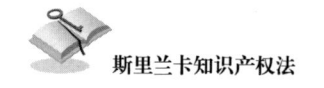

长应从登记簿中注销商标。

第 120 条　已注册商标的变更

商标的注册所有人可以按照规定方式在支付规定费用的情况下，向局长申请在对商标本质没有重大影响的情况下以任何方式对商标作出添加或改动，而局长可以拒绝，也可以附加使用方式、地点或其认为适当的此类限制条件后批准许可。如获许可，则应按照规定方式公告商标的变更。

第 23 章　注册商标所有人的权利

第 121 条　注册商标所有人的权利

（1）在不妨碍本部分其他规定的前提下，注册商标所有人就商标享有下列排他性权利：

（a）使用注册商标；

（b）转让或转移注册商标；

（c）签订许可合同。

（2）未经注册商标所有人同意，第三人不得实施下列行为：

（a）在注册商标核定使用的商品或服务上使用近似商标或使用近似标志可能误导公众的，或者在与使用了商标或标志的类似的商品或服务上使用近似商标或近似标志可能误导公众的；和

（b）在没有正当理由和可能损害注册商标所有人利益的情况下以其他方式使用商标或与商标近似的标志或商号。

（3）第三人在斯里兰卡将近似商标或近似的任何标志使用（不论是以印刷、绘画或其他方式）或粘贴于注册商标核定使用的商品上（无论意图将此类商品在斯里兰卡销售还是从斯里兰卡出口）可能误导公众的，视为第（2）款禁止的行为。

（4）如果某人在注册商标核定使用的相同商品或服务上使用与该注册商标相同的商标，则法院应推定有误导公众的可能性。

第 122 条　注册商标所有人的权利限制

注册商标所有人无权阻止第三人：

（a）使用其真实姓名、地址、笔名、地理名称或者与生产或供应商品和

服务的种类、质量、数量、目的地、价值、原产地或时间有关的确切说明，只要此类使用仅限于识别或提供信息的目的且不会就商品或服务的来源误导公众；

（b）将合法制造的商品在斯里兰卡进口、许诺销售、销售、使用或存储的商标使用行为，只要此类商品未发生任何变化。

第24章　商标申请及注册的转让和转移

第123条　申请及注册的转让和转移

（1）可以独立于使用商标的企业将注册申请或注册商标全部或部分地转让或转移，也可以在注册申请或注册商标的全部或部分商品或服务上转让或转移，转让或转移应由签约方或其代表书面签字。

（2）如果转让或转移的目的或效果会对公众造成误导，特别是在商标所适用的商品或服务的性质、来源、制造过程、特性或其用途的适用性方面误导公众的，该转让或转移无效。

（3）通过转让或转移而有权获得注册申请或注册商标的任何人可以规定的方式向局长申请在登记簿中记录此类转让或转移。

（4）除非已经向局长支付了规定费用，否则不得在登记簿中记录此类转让或转移。

（5）除非已经记录在登记簿中，否则此类转让或转移对第三人无效。

第25章　商标许可合同

第124条　解　释

（1）就本部分而言，许可合同是指注册商标所有人（在本部分中简称"许可人"）向其他人员或企业（在本部分中简称"被许可人"）授予许可，准许其在注册商标核定使用的商品或服务上使用该商标的任何合同。

（2）被许可人使用商标视为由注册所有人使用商标。

第125条　许可合同的格式和记录

（1）许可合同应采用书面形式并由当事人或代表签字。

（2）根据当事人或代表签署的书面申请，在支付规定费用后，局长应在登记簿中记录双方希望记录的与合同有关的详情：

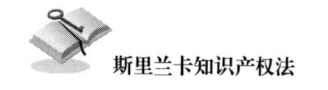

不要求各方披露或记录与此合同有关的任何其他详情。

第126条　被许可人的权利

如果在许可合同中没有任何相反规定，被许可人：

（a）在商标注册的整个期限内（包括续展期间），有权在斯里兰卡境内就注册商标核定使用的所有商品或服务上使用商标；

（b）无权将其在许可合同项下的权利转让或转移给第三人或者向第三人授予分许可。

第127条　许可人的权利

（1）许可合同中没有任何相反规定的，许可人可以就同一商标向第三人授予分许可或本人使用该商标。

（2）许可合同约定为独占许可的，除非合同另有约定，否则许可人不得就同一商标再向第三人授予进一步许可或者本人使用该商标。

第128条　许可合同和特定条款的无效

（1）许可合同没有约定保证许可人对使用商标有关的商品或服务质量进行有效控制的，许可合同无效。

（2）许可合同中的任何条款或条件对被许可人施加的限制并非源于本部分赋予注册商标所有人的权利或对保障此类权利没有必要的，该内容无效：

（a）商标使用范围、程度、持续时间、地理区域或者与使用该商标有关的商品或服务质量、数量的限制；

（b）涉及第（1）款的约定具有正当的理由；和

（c）对被许可人施加不得作出任何可能损害注册商标效力行为的义务；

不视为构成上述限制。

第129条　许可合同的无效

在下列情况下，根据具有合法利益的商标注册所有人、作为一方当事人在登记簿备案的任何受让人、被许可人或分许可的许可人或任何主管机关（包括局长）的申请，法院可以撤销许可合同并宣告许可合同无效：

（a）许可人对使用商标的商品或服务质量失去有效控制；

（b）被许可人以对公众造成误导或混淆的方式使用商标。

第130条　涉及境外支付的许可合同

（1）如果局长有正当的理由认为任何许可合同或许可合同的任何修正或续签：

（a）涉及许可使用费的境外支付；或

（b）由于与此类许可合同有关的其他情况；

妨碍斯里兰卡的经济发展，则应将这一事实书面通知中央银行行长并将其保管的与该事项决定有关的所有资料转交中央银行行长。

（2）在收到根据第（1）款发出的通知后，如果中央银行行长书面通知局长上述许可合同或对许可合同的任何修正或续签妨碍斯里兰卡的经济发展，则局长应撤销许可合同在登记簿上的备案并宣告其无效。

（3）本条的规定参照适用于转让和转移。

（4）本章的规定参照适用于分许可。

第131条　注册无效时许可合同的效力

在许可合同期满前注册被宣告无效的，被许可人无须按照许可合同向许可人支付任何款项并有权要求返还已经支付的款项：

如果许可人能够证明返还是不公平的，特别是在被许可人已经实际上从许可中获利的情况下，则不要求许可人返还任何款项或只要求返还部分款项。

第132条　许可合同的到期、终止或无效

（a）如果确信根据第125条第（2）款记录的许可合同已经到期或终止，经许可合同双方或其代表签字而提出书面请求，局长应在登记簿中记录该事实；

（b）根据本部分的规定，局长应在登记簿中记录许可合同的到期、终止、撤销或无效。

第26章　商标注册的放弃和无效

第133条　注册商标的放弃

（1）商标注册所有人可以向局长提交由本人或其代表签署的书面声明，宣布放弃全部或部分商品或服务上的注册商标。

（2）收到上述声明后，局长应将该声明记录在登记簿中并在公报上公布。

（3）自局长收到上述声明之日起放弃生效。

（4）商标许可合同已经在登记簿备案的，在该许可合同没有相反约定时，除非收到由备案的任何受让人、被许可人或分许可的被许可人签署的同意放弃的书面声明，否则局长不得接受或记录上述放弃，但是其在许可合同中明确放弃其同意的情况除外。

第134条　注册商标的无效

（1）对第103条和第104条规定禁止注册的商标，任何享有合法利益者或者任何主管机关包括局长都可以提出申请，由法院向另一方包括注册商标所有人、任何已备案的受让人、被许可人和分许可的被许可人宣告注册商标无效：

对在向法院提出申请之日不存在的无效理由不予考虑。

（2）如果注册商标无效的理由仅存在于该注册商标的部分商品或服务上，则只应就该部分商品或服务宣布注册商标的无效。

（3）基于第104条第（1）款规定的任何理由提出宣告无效申请的，应在根据第113条第（3）款颁发注册证书之日起5年内提出。

第135条　无效的日期和效力

（1）当法院作出宣告商标注册全部或部分无效的最终裁决时，自商标注册之日起该注册应被视为全部或部分无效（视情况而定）。

（2）当宣告无效的声明成为最终裁决时，法院司法常务官应将该事实通知局长并且局长应将其记载于登记簿和在公报上公布。

第27章　商标注册的撤销

第136条　商标注册的撤销

（1）在下列情况下，任何享有合法利益者或者任何主管机关（包括局长）都可以提出申请，由法院向另一方，包括注册商标所有人、任何已备案的受让人、被许可人和分许可的被许可人判决从登记簿中撤销任何注册商标：

（a）在向法院提出申请之日前的连续5年内，如果注册所有人在斯里兰卡境内没有正当理由未能使用商标或者未能通过许可在斯里兰卡境内使用商标；

（b）如果注册所有人已经就注册商标有关的一项或多项商品或服务促使、引起或容忍商标转化为通用名称，以致其在业界和公众中已经丧失作为一种商标的意义。

（2）在根据第（1）款（a）项提出的任何申请中，法院可以考虑未使用商标是由于超出注册所有人控制所致的情况。法院不得将注册所有人缺乏资金作为未使用该商标的理由。

（3）商标的使用：

（a）使用的商标形式（没有改变商标的显著特征）不同于其注册的形式，不得作为撤销该商标的理由；

（b）在注册商标核准使用类别中的一种或多种商品或服务上使用，应足以防止在同一类别的所有其他商品或服务上撤销该商标。

第137条 撤销商标注册的日期和效力

在法院作出从登记簿中撤销任何注册商标的最终裁决时：

（1）在考虑事件的发生日期和导致该标志被撤销的其他情况后，法院可以确定注册商标被视为不再具有法律效力的日期。

（2）法院裁决撤销商标的，法院的司法常务官应将该裁决告知局长，并且局长应将撤销裁决记录在登记簿中并在公报上公布法院的裁决。

第28章 集体商标

第138条 集体商标

（1）除本章规定外，有关商标的规定适用于集体商标。

（2）对于集体商标，第101条规定（商品商标或服务商标）的区分一个企业的商品或服务与其他企业的商品或服务的标志应被解释为将使用该集体商标企业的商品或服务与其他企业的商品或服务区分开来的标志。

（3）尽管有第103条的规定，但在贸易中可用于表明商品或服务的地理来源的标志或标识可以被注册为集体商标：

此类商标的所有人无权禁止工商业活动中诚实地使用此类标志或标识的行为，特别是由有权使用地理名称的人使用。

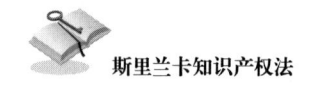

第139条 集体商标的注册申请

（1）除非在申请时将商标指定为集体商标并附上经申请人证明的该商标使用管理条件的副本，否则不得受理集体商标的注册申请。

（2）根据第（1）款规定的商标使用的管理条件，应明确使用集体商标的商品或服务的共同特征或质量、使用商标的条件和可以使用商标的人、对使用商标进行有效控制的条件以及对违反此类条件使用商标作出的适当制裁。这些条件应包括本条进一步规定的要求。

（3）不得对集体商标予以注册，除了商标管理使用的条件：

（a）符合第（2）款规定和根据第（2）款制定的规章施加的任何要求；

（b）没有违反公共政策或公认的道德原则。

（4）（a）除非授权使用人与集体商标注册所有人达成有相反约定的协议，否则授权使用人有权要求集体商标权人就影响其利益的任何事项提起侵权诉讼。

（b）如果集体商标权人：

（ⅰ）拒绝起诉；或

（ⅱ）在要求起诉后的2个月内未能起诉；

则授权使用人可以自己的名义起诉，如同其为权利人。注册权利人成为诉讼一方当事人。

（c）在集体商标所有人提起的侵权诉讼中，法院对授权使用人所遭受或可能遭受的任何损失均应予以考虑。

（5）除在第136条中规定的理由外，可以基于下列理由撤销集体商标的注册：

（ⅰ）商标所有人使用该商标的方式会误导公众，使其理解或认为该商标受到政府支持；

（ⅱ）商标所有人未能遵守或未能确保遵守商标使用管理的条件；或

（ⅲ）条件已作出修改，导致：

（a）不再符合第（2）款和根据本法制定的规章施加的任何其他条件；或

（b）违反公共政策或公认的道德原则。

（6）除第134条规定的无效理由外，如果集体商标注册违反了第139条第（1）款、第（2）款和第（3）款的规定，则应宣告商标的注册无效。

第 140 条　集体商标的注册和公布

（1）集体商标的注册应记录在由局长决定的登记簿中并附有商标使用管理条件的副本。

（2）根据第 111 条第（9）款公布集体商标申请时，应公布随附的商标使用管理条件的摘要。

（3）集体商标根据第（1）款注册时，应在所有方面被视为已注册商标。

（4）注册集体商标使用管理的条件应以与注册相同的方式公开供公众查阅。

第 141 条　集体商标使用管理条件的变更

（1）集体商标使用管理条件有任何变更或修正的，集体商标的注册所有人应以规定的方式通知局长。

（2）此类变更或修正的任何通知应在支付规定费用后记录在登记簿中。任何此类变更或修正的条件应于记录在登记簿后生效。

（3）局长应在公报上公布根据第（2）款记录在登记簿中的变更和修正的摘要。

第 29 章　证明商标

第 142 条　证明商标

（1）除本章的规定外，与商标有关的规定适用于证明商标。

（2）对于证明商标，第 101 条规定的区分一个企业的商品或服务与其他企业的商品或服务的标志（商品商标或服务商标）应被解释为将使用证明商标的商品或服务与未使用证明商标的商品或服务区分开来。

（3）尽管有第 103 条的规定，但在贸易中用于表明商品或服务的地理来源的标志或标识可以注册为证明商标：

此类商标的所有人无权禁止在工商业活动中诚实地使用此类标志或标识的行为，特别是由有权使用地理名称的人使用。

（4）除非在申请时将商标指定为证明商标并附上经申请人证明的该商标使用管理条件的副本，否则不得受理证明商标的注册申请。

（5）商标使用管理条件应表明授权使用商标者的姓名、由商标证明的特征、所有人如何检验这些特征并监督商标的使用、与商标操作有关费用（如果有）的支付和解决争议的程序。商标使用管理条件可以包含本条规定的其他要求。

（6）证明商标不得进行注册：

（a）如果证明商标的所有人开展了涉及提供被证明商品或服务的业务；和

（b）除非商标使用管理的条件：

（ⅰ）遵守了第（5）款和根据第（5）款制定的规章施加的任何其他要求；和

（ⅱ）没有违反公共政策或公认的道德原则。

（7）注册证明商标所有人提起的侵权诉讼中应考虑任何授权使用人遭受或可能遭受的任何损失，并且法院可以根据权利所有人代表此类使用者持有的任何金钱救济利益相应的程度作出其认为适当的裁决。

（8）除在第136条规定的商标撤销的理由外，可以基于下列理由撤销证明商标的注册：

（a）所有人经营了第（6）款（a）项中提及的业务。

（b）商标所有人使用该商标的方式使公众对商标的重要特征产生了误解。

（c）商标所有人未能遵守或未能确保遵守商标使用管理的条件。

（d）所有人已经不再具备证明该注册商标的商品或服务的资格。

（e）修改了条件，以致条件：

（ⅰ）不符合第（5）款的规定和规章所施加的任何其他条件；

（ⅱ）违反公共政策和秩序或公认的道德原则。

（9）除第134条规定的无效理由之外，商标注册违反第（3）款、第（4）款和第（5）款规定的，应宣告证明商标的注册无效。

（10）（a）证明商标的注册信息应记录在由局长决定的登记簿中并附有商标使用管理条件的副本。

（b）根据第111条第（9）款公布的证明商标申请应包括随附于注册的条件摘要。

（c）根据第（4）款注册的证明商标应就所有目的而言被视为注册商标。

（d）证明商标使用管理的条件应以与注册相同的方式公开供公众查阅。

（11）（a）证明商标使用管理条件有任何变更或修正的，证明商标的注册所有人应以规定的方式通知局长。

（b）此类变更或修正的任何通知应在支付规定费用后记录在登记簿中。任何此类变更或修正的条件应于记录在登记簿后生效。

（c）局长应在公报上公布已经记录在登记簿的变更或修正的摘要。

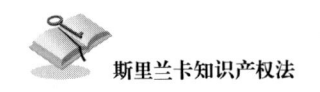

第 6 部分

第 30 章 商　　号

第 143 条　禁止的商号

如果因其性质或其使用违反了道德或公共秩序，或者可能冒犯有关宗教或民族的情感，或者有可能使业界或社会公众对由该名称确定的企业性质产生误解，则名称或指示不得作为商号受理。

第 144 条　商号的保护

（1）不论任何成文法对商号注册的相关规定，此类名称在登记之前或未登记时均应受到保护，不受第三人任何违法行为的侵害。

（2）由第三人后续作为商号、商品商标、服务商标、集体商标或证明商标使用该商号的，或者其他类似于作为商号、商品商标、服务商标、集体商标或证明商标使用该商号可能会对公众造成误导的，应被视为不合法。

（3）本法第 122 条适用于商号。

第 145 条　商号的转让和转移

（1）由商号标识的企业或企业的一部分在转让或转移时，可以同时转让或转移该商号。

（2）第 123 条的规定应参照适用于商号。

第7部分

第31章 集成电路布图设计

第146条 保护权

（1）布图设计保护权应属于布图设计的创作者。多人共同创作布图设计的，应为受保护权利的共有人。

（2）在履行雇佣合同或执行工作时制作或创作的布图设计的保护权，除非该雇佣合同或执行工作的合同条款另有约定，否则应属于雇主或委托人（视情况而定）。

第147条 独创性

（1）本法规定的保护适用于任何具有独创性的布图设计。就本条而言，布图设计在下列情况下具有独创性：

（a）并非通过简单复制另一布图设计或其实质部分而完成；

（b）是创作者智力活动的成果且对布图设计创作者和集成电路制造者而言在创作时是不常见的。

（2）如果一项布图设计由布图设计创作者或集成电路制造者中常见的元素和互连的组合组成，则只有当该组合作为一个整体满足第（1）款所述条件时，该布图设计才应受到保护。

第148条 保护的范围

（1）根据本部分保护布图设计，不应取决于是否将纳入布图设计的集成电路应用于某产品中。除第（2）款规定情形外，布图设计权利人具有实施或授权他人实施下列任一行为的专有权：

（i）复制受保护的布图设计的全部或任何部分，无论通过纳入集成电路还是其他方式，但复制任何不符合第147条第（1）款和第（2）款所述独创性要求的任何部分的行为除外；

（ii）为商业目的进口、许诺销售、销售或以其他方式提供受保护的布图设计、纳入该受保护的布图设计的集成电路或者纳入该集成电路的产品，但

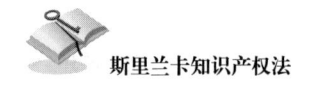

前提是该产品不包含非法复制的布图设计。

（2）本部分对布图设计的保护范围不得扩大至下列情形：

（ⅰ）为评估、分析、研究、非营利性教学或教育目的而复制受保护的布图设计；

（ⅱ）如果该布图设计本身符合第147条第（1）款和第（2）款意义上的独创性，为（ⅰ）目所述分析、评估或研究的目的而将布图设计纳入集成电路或者是为实施本条第（1）款所述的任何与该布图设计有关的行为；

（ⅲ）实施第（1）款（ⅱ）目所述行为，而该行为是就受保护的布图设计或就被纳入该布图设计的集成电路实施的，且该布图设计或集成电路已由权利人或经权利人同意而投放市场；

（ⅳ）就纳入非法复制的布图设计的集成电路或纳入该集成电路的任何产品实施第（1）款（ⅱ）目所述任何行为，而实施或命令实施该行为的人在不知情的情况下实施或下令实施该行为，并且在获得该集成电路或被纳入该集成电路的产品时没有合理理由知道其含有非法复制的布图设计：

行为人在实施或命令实施本项规定的行为时被告知该布图设计是非法复制的，行为人只能就在被告知前的存货或订购的产品实施或命令实施上述行为并应向权利人支付一笔相当于在自由协商的情况下就该布图设计须支付的许可使用费的款项；

（ⅴ）在本法生效前已在斯里兰卡境内或境外进行商业利用2年以上的任何布图设计不受本部分的保护。

第149条 保护的开始和期限

（1）本法对于布图设计的保护自下列时间开始：

（ⅰ）由权利人或经其同意在斯里兰卡境内或境外对布图设计进行首次商业利用之日，条件是权利人在第150条第（2）款规定的时间内向局长提出保护申请；或

（ⅱ）布图设计之前未在斯里兰卡境内或境外进行过商业利用的，自权利人提交布图设计登记申请之日开始。

（2）本部分对于布图设计的保护应在该保护开始之日起的第10个日历年结束时终止。

第150条　申请的要求

（1）布图设计的登记申请应采用规定格式向知识产权局提出并按规定缴纳费用。对每个不同的布图设计均应提交一份单独的申请。

（2）布图设计未在斯里兰卡境内或境外被商业利用的，任何人均可申请该布图设计的登记，或者已被商业利用的，则应在该布图设计被商业利用之日起2年内提出登记申请。

（3）申请书应符合下列要求：

（a）载有要求在布图设计登记簿中登记布图设计的请求以及对该布图设计的简短、准确的描述。

（b）说明申请人的姓名、地址和国籍，申请人居住在斯里兰卡境外的，应提供在斯里兰卡的邮寄地址。

（c）附带一份布图设计的图纸以及定义集成电路意图实现的电子功能的信息；申请书可以在复制件或图纸中省略与集成电路的形式或制造有关的部分，但是提交的部分应足以让人识别布图设计。

（d）说明该布图设计是在斯里兰卡境内还是境外被利用的以及其被首次商业利用的日期。

（e）提供符合根据第146条获得保护权利的详细资料。

（f）附有一份关于布图设计具有独创性的声明。

（g）申请是通过代理人提出的，应附上申请人授予代理人的授权书。

（4）（a）申请人没有遵守本条第（3）款规定的要求的，局长应将有关事项通知申请人并要求其在通知之日起2个月内修改申请中的缺陷。

（b）申请人遵守本款（a）项规定的，局长应将申请日期作为收到申请的日期：

该申请应包含对布图设计登记必要性的书面声明以及可以确定申请人身份的信息，并应附有布图设计的图纸复制件。

（c）申请人未将布图设计图纸与原申请一并提交，但在（a）项规定的期限内补正布图设计登记申请的，收到补正的日期视为申请的提交日。局长应以书面形式向申请人确认申请的提交日。

（d）申请人在收到局长通知后没有在（a）项规定的期限内补正申请的，该申请视为未提交。

第151条　在登记簿登记布图设计

（1）局长应保存布图设计登记簿，登记或安排登记已接受申请的应受保护的布图设计。

（2）申请符合第150条要求的，局长应在布图设计登记簿上登记该布图设计而无须审查其独创性、申请人的保护权或申请书中所述事实的正确性。

（3）布图设计登记簿应记录布图设计的编号、名称、申请日期，根据第150条的规定提出的申请中指明的在斯里兰卡境内或境外首次商业利用的日期以及权利人的姓名和地址，与转让、转移、许可合同有关的详细信息和其他规定的详细信息。

（4）任何人在缴纳规定费用后均有权查阅布图设计登记簿并摘录有关信息。

（5）每项布图设计的登记均应在公报上公布。

第152条　转让权和更正登记簿的权利

（1）申请保护的布图设计的基本要素来自他人的布图设计且未获得该人书面同意时，该人可以书面要求局长将该申请转移给自己，但该人应同时提交证明其主张所需的所有相关材料并缴纳规定的费用。申请已被登记的，在登记公布之日起1年内，该人可以书面形式要求局长将布图设计的登记转移给他并相应地更正登记簿中的有关事项，但该人应当提交证明其主张所需的所有相关材料并按规定缴纳费用。

（2）局长应立即将该请求文本送交申请人或登记的权利人（视情况而定），要求其自收到通知之日起2个月内以规定的方式提出反请求，附上其所拥有的证明其对有关布图设计享有所有权的任何材料（如有）并缴纳规定的费用。申请人或登记的权利人可以向局长提出反请求。

（3）登记的权利人或申请人在规定期限内未提交本条第（2）款所要求的任何信息的，局长应准许后者的请求并更正登记簿中的有关事项。

（4）申请人或权利人按照第（2）款的规定提出反请求的，局长应在听取双方意见和考虑案情后作出决定并将决定通知各方。

（5）在布图设计保护申请提交后，若享有保护权的人同意提交该申请的，就所有目的而言，该同意应被视为自提出该申请之日起有效。

第 153 条　所有权和合同许可证的变更

（1）受保护的布图设计可以转让或转移，该转让或转移应采用书面形式并由合同双方或其代表签字。

（2）经布图设计的转让人或转移人或其代表签署书面请求，局长应在其支付规定费用后在登记簿上登记所有权变更的详细情况并予以公告。在登记前，该变更对第三人不发生效力。

（3）布图设计权利人可向另一自然人或企业授予许可，授权其实施第 48 条第（1）款所述任何行为或全部行为。该许可合同应采用书面形式并由合同双方或其代表签字。该许可合同应在布图设计登记时与按规定应缴纳的费用一并提交给局长，而局长应在登记簿中登记或安排登记该许可合同的存在。许可合同在布图设计被登记前对第三人不发生效力。

第 154 条　布图设计登记的撤销

（1）对根据第 151 条登记的布图设计有疑问的任何利害关系人，包括局长在内的有关主管机关，可基于下列理由向法院申请撤销登记：

（a）该布图设计不受第 147 条的保护；

（b）权利人无权根据第 146 条获得保护；或

（c）在提交布图设计登记申请前，有关的设计已在斯里兰卡境内或境外被商业利用且该申请未在第 148 条第（2）款和第 150 条第（2）款规定的期限内提交。

（2）在撤销布图设计的一部分的理由成立时，仅应撤销适用于该对应部分的登记。

（3）应利害关系人或包括局长在内的适当的主管机关提出的书面申请，在布图设计的登记所有人和记录在册的每一受让人、被许可人和分许可的被许可人可被列为当事人的情况下，法院可命令撤销或部分撤销该登记。

（4）布图设计全部登记或部分登记被撤销的，该布图设计登记全部或部分无效（视情况而定），并且该无效自该布图设计受保护之日起生效。

（5）法院应将其裁决通知局长且局长应将该裁决记录在案并在公报上公布。

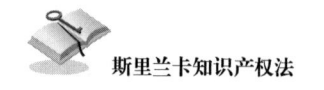

第 155 条 代理人

申请人的经常居住地或主要营业地在斯里兰卡境外的，应当委托根据本法第 175 条登记的代理人代理申请。

第 156 条 侵　　权

（1）违反第 148 条规定的任一行为均构成侵权。

（2）法院可在下列情形下向相关当事人颁发禁令、判决给予损害赔偿或采取其他适当救济措施：

（a）权利人有理由相信他人侵犯了受本法第 148 条保护的布图设计权，为了阻止侵权或即时侵权权利人可以提起诉讼；或

（b）如果权利人在被许可人向其告知存在侵权行为后未能或因疏忽未能向法院提起诉讼，则被许可人可向法院提起诉讼。

（3）针对侵权行为和对权利人或被许可人的救济，适用本法第 35 章的规定。

（4）只有在向局长提交布图设计登记申请后，才能根据本条第（2）款提起诉讼。

第 157 条 犯　　罪

明知或故意违反第 148 条规定的，构成犯罪，而经法院审判后定罪的，可处以不超过 50 万卢比的罚金或不超过 6 个月的监禁或两者并罚，而且被两次或多次定罪的可在前述刑罚基础上加倍惩罚。此外，法院还可命令扣押、没收和销毁已被用于犯罪或实施犯罪的布图设计、集成电路、物品或任何材料或工具。

第 158 条 相关条款的适用

海关条例第 125A 条、第 125B 条以及本法第 163 条至第 174 条，第 177 条、第 180 条、第 187 条、第 191 条、第 195 条至第 204 条的规定适用于集成电路布图设计。

第 159 条 解　　释

在本部分中，除上下文另有要求外：

集成电路，指中间产品或最终产品，其中的元件（至少有一个是有源元件）和部分或全部互连线路被集成在材料中或材料上以执行电子功能。

　　布图设计（拓扑图），指无论采取何种表达方式，集成电路的至少有一个是有源元件的多个元件和部分或全部互连线路的三维配置，或者是为制造集成电路而准备的三维配置。

　　权利人，指被视为第 146 条所述的利益受到保护的自然人或法律实体。

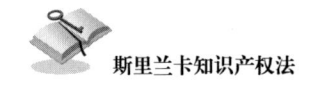

第 8 部分

第 32 章　不正当竞争和商业秘密

第 160 条　不正当竞争和商业秘密

（1）（a）在工商业活动中实施或参与违背诚实原则的任何行为均构成不正当竞争行为。

（b）本条的规定应独立适用于本法所保护发明、工业品外观设计、商标、商号、地理标志，文学、科学和艺术作品以及其他知识产权并作为本法其他规定的补充。❶

（2）（a）在工商业活动过程中进行或参与的任何行为若导致或可能导致与他人的企业或其活动相混淆，特别是与他人的企业提供的商品或服务相混淆，则构成不正当竞争行为。

（b）下列对象很可能产生混淆：

（ⅰ）商标，不论是否注册；

（ⅱ）商号；

（ⅲ）除商标或商号外的企业标识；

（ⅳ）产品外观；

（ⅴ）产品或服务展示；

（ⅵ）名人或知名虚构人物。

（3）（a）在工商业活动过程中进行或参与的任何行为若损害或可能损害他人的企业的商誉，即构成不正当竞争行为，不论该行为是否实际上造成混淆。

（b）对他人商誉的损害尤其可能源于对下列客体商誉的淡化：

（ⅰ）商标，不论是否注册；

（ⅱ）商号；

（ⅲ）除商标或商号外的企业标识。

（ⅳ）产品外观；

---

❶ 根据斯里兰卡 2022 年第 8 号法第 5 条予以修正。

（ⅴ）对产品或服务的展示；

（ⅵ）名人或知名虚构人物。

（c）根据这些条款的规定，"商誉淡化"指的是商标、商号或其他商业标识、产品外观、对产品或服务的展示以及名人或知名虚构人物的独特特征或广告价值的减少。

（4）（a）在工商业活动过程中，对企业或其活动，特别是对该企业提供的产品或服务，实施或从事误导或可能误导公众的行为，则构成不正当竞争行为。

（b）误导可能源自广告或促销活动，尤其是在下列情形下可能出现：

（ⅰ）产品的生产过程；

（ⅱ）产品或服务对特定目的的适用性；

（ⅲ）产品或服务的质量、数量或其他特征；

（ⅳ）任何产品的地理标志，包括产品的生产工艺、产品或服务；❶

（ⅴ）提供产品或服务的条件；

（ⅵ）产品或服务的价格或其计算方式。

（5）（a）在工商业活动中，对他人的企业或该企业的活动，特别是对该企业提供的产品或服务进行虚假或不正当的诋毁或类似于诋毁的指控，构成不正当竞争行为。

（b）信誉受到损害可能源于广告或推销，尤其是在下列方面：

（ⅰ）产品的生产过程；

（ⅱ）产品或服务对特定目的的适用性；

（ⅲ）产品或服务的质量、数量或其他特征；

（ⅳ）产品或服务的地理标志；

（ⅴ）提供产品或服务的条件。

（6）（a）在工商业活动过程中进行或参与的任何行为，他人未经合法控制信息的人（以下简称"合法持有人"）的同意，以违背诚实信用的商业行为方式披露、获取或使用商业秘密，构成不正当竞争行为。

（b）未经合法持有人同意，他人披露、获取或使用商业秘密，尤其是可能源自：

（ⅰ）工业或商业间谍活动；

---

❶ 根据斯里兰卡2022年第8号法第5条予以修正。

（ⅱ）违约行为；

（ⅲ）泄密行为；

（ⅳ）教唆他人实施（ⅰ）目至（ⅲ）目所述的任何行为；

（ⅴ）第三人获取商业秘密，且知道或因严重疏忽而不知道该获取涉及（ⅰ）目至（ⅳ）目所述的行为。

（c）根据本法的目的，下列信息应被视为"商业秘密"：

（ⅰ）关于一个整体或其组件的精确构造和装配的信息且该信息在一般情况下不为通常处理该类信息的人所普遍知晓或易于获得；

（ⅱ）该信息因保密而具有实际或潜在的商业价值；和

（ⅲ）合法持有人在相应情况下已采取合理保密措施。

（d）在工商业活动过程中进行或参与的任何行为如导致下列结果，即构成不正当竞争行为：

（ⅰ）不正当商业使用包含他人巨大努力的秘密试验数据或其他数据，而这些数据已被提交给有关主管机关以获得利用新化学成分的药品、农业或化工产品上市批准；或

（ⅱ）披露此类数据，但为保护公众所必需或为确保数据不被不公平地商业使用而采取的措施除外。

（e）根据本法目的，商业秘密应包括：

（ⅰ）与制造商品或提供服务相关的技术信息；或

（ⅱ）企业为内部使用而开发的企业信息。

本条企业一词的含义与本法第101条的含义相同。

（7）受到本部分规定的任何行为侵害的个人、企业或生产者协会、制造商协会或贸易商协会均可向法院提起诉讼以制止此类行为的继续并可获得因此类行为造成的损失的赔偿。本法第35章有关侵权的规定，参照适用于该诉讼。

（8）（a）任何故意且未经合法授权披露商业秘密的人，在被地方法官审判后定罪的，可处以不超过50万卢比的罚金或不超过6个月的监禁或两者并罚。

（b）本法第38章的规定应参照适用于本款规定的罪行。

本条第（6）款所赋予的权利应是对任何普通法权利的补充而非减损。

第9部分

第33章　地理标志

第160A条　解　　释[1]

就本部分而言，除了上下文另有所指：

授权使用人，指根据本法本部分登记的地理标志的使用人。

管理计划，指如何验证是否符合产品实施标准的方法。

地理标志，指标识某产品原产于某国家领土或该领土内某区域、地方的标志，而该产品的特定质量、声誉或其他特性主要归因于其地理来源。

产品，指任何制成品或天然农产品、食品、葡萄酒、烈酒或任何手工艺制品或工业品。

就产品而言，生产者指符合下列条件的任何人：

（a）如果此类产品是农产品、葡萄酒或烈酒，则是指提供该产品或加工、包装该产品的人；

（b）如果此类产品是天然的，则是指采集该产品的人；或

（c）如果此类产品是手工艺制品或工业品，则是指制作或生产该产品的人。

说明书，指与地理标志登记申请被一并提交的文件，并且该文件说明产品或制品的特性，生产工艺，产品或制品的特性、质量或声誉与其地理来源之间的联系的技术细节。

第161条　地理标志的保护

（1）任何相关方有权禁止：

（ⅰ）用任何方式在标示和描述商品时指示或暗示包括涉及的农产品、食品、葡萄酒或烈酒商品在内的商品来源于非其真实原产地的某个地理区域，从而误导公众了解商品地理原产地；或

（ⅱ）任何构成第160条所指的不正当竞争行为的地理标志使用；

---

[1] 根据斯里兰卡2022年第8号法第6条予以增补。

（ⅲ）将地理标志使用于非源自地理标志所标示地方的商品，包括农产品、食品、葡萄酒或烈酒，或者识别非源自该地理标志所标示地方的商品，即使已表明商品的真实原产地，或者将该地理标志翻译后使用，或者伴有如种类、类型、特色、仿制等类似的表达方式。

（2）根据第 103 条、第 160 条和第 161 条对地理标志给予的保护适用于以下地理标志：虽然商品来源的领土、地区或地点在字面上是真实的，但却虚假地向公众表明该商品源于另一领土的地理标志。

（3）在与包括农产品、食品、葡萄酒或烈酒在内的商品具有相同地理标志的情况时，在遵守本条第（2）款规定的前提下，每一种标识均应得到保护。在允许同时使用此类标识的情况下，部长应根据规定的实际条件，在考虑到确保公平对待相关生产商和保护消费者免受虚假或欺骗性标识影响的必要性的情况下，确定相关同名标识的区别。

（4）法院应有权作出禁令和采取认为适当的任何其他救济，以防止发生本条所述的任何此类使用。本法第 17 章的规定应参照适用于此类诉讼。

第（4A）款和第（5）款已废除。❶

第 161A 条　任何地理标志❷

（a）不符合第 160A 条规定的地理标志的定义；

（b）使用行为违反法律、道德、宗教、公认的习俗或公共秩序的；

（c）在原产国并非地理标志、不再作为地理标志保护或在该国不再使用；

（d）与相关商品的通用名称在通用语言中的习惯用语相同；

（e）在该产品或其用途的特性、性质、质量、原产地及生产工艺方面误导或欺骗公众；或

（f）构成植物品种或动物品种的名称；

不得根据本法予以登记。

第 161B 条　地理标志登记申请

（1）根据当时法律成立的代表有关产品生产者利益的任何个人协会、生产者协会、组织或机构（以下简称"申请人"），可按规定的方式提交表格和

---

❶ 根据斯里兰卡 2022 年第 8 号法第 8 条予以废除。
❷ 第 161A 条至第 161E 条根据斯里兰卡 2022 年第 8 号法第 7 条予以增补。

规定的文件并缴费,向局长提出登记为地理标志产品的申请。

(2) 局长收到申请后,应按规定的方式对申请进行审查。

(3) 如果根据第161A条的规定,拟登记的地理标志不可登记,局长应拒绝登记该地理标志,并将理由告知申请人:

但根据本条向局长提交的申请有任何缺陷的,局长应在申请之日起3个月内通知申请人,并给予申请人在通知之日起3个月内纠正缺陷的机会。申请人向局长重新提交更正申请的日期被视为收到该登记申请的日期。

(4) 根据第(3)款被拒绝申请的任何申请人,如对局长说明的拒绝理由不满意,可以在收到拒绝通知之日起的3个月内向局长提出书面意见。

(5) 局长收到该意见书后,如认为有必要就意见书有关的事项举行听证会,可将听证的日期、时间和地点通知申请人。

(6) 局长在听证后可拒绝登记该申请,或按原条件登记该申请,或在对地理标志使用方式或地点完成局长认为适当的修改或限制后登记该申请。

(7) 如果局长拒绝登记申请或在第(6)款确定的条件下登记申请,则局长应在申请人的要求下说明拒绝登记或有条件接受登记的理由。

第161C条 公告申请

(1) 局长认为申请登记的地理标志根据第161A条应当登记的,在收到规定的公告费后,自其收到该申请之日起的2个月内应在公报上公告该申请。如果申请人未能在规定期限内缴纳公告费,局长应拒绝登记该地理标志。

(2) 在根据第(1)款公告申请时,局长应列明下列内容:

(a) 申请人的名称和地址;

(b) 申请日期;

(c) 对地理标志的描述;

(d) 该地理标志登记所适用的产品;

(e) 标准的摘要及地理区域地图;和

(f) 如果申请人居住在斯里兰卡境外,其在斯里兰卡国内送达的邮寄地址。

第161D条 登记异议

(1) 任何人认为根据第161C条公告的地理标志按照第161A条的规定不

应当登记的,则自该公告之日起的 3 个月内,可对公告的地理标志登记提出异议通知。异议通知按规定的格式制作,以邮寄或专人递送的方式送交局长,并按规定缴费。发出异议通知的人还应说明提出异议通知的理由,并应提交证明这些理由的必要的资料和证据。

(2) 局长在第(1)款规定的期限内未收到任何异议通知的,应根据第 161B 条登记所要求登记的地理标志。

(3) 如果收到符合规定格式的异议通知书和证明该通知书所指明理由的证据或资料,且收到了规定的费用,则局长应在收到异议通知书之日起 1 个月内将该通知书的副本送交申请人,并要求申请人在收到该通知书之日起 3 个月内就异议理由提出答辩意见,附有支持其申请的证据或资料。

(4) 局长收到申请人的意见后,如果认为有必要,可召开听证会,并应在听取各方意见后尽快决定是否登记该地理标志。如果作出予以登记的决定,局长应:

(a) 如果没有人根据第 173 条对他的决定提出上诉,则可对该决定提出上诉的期限届满;或

(b) 如果根据第 173 条针对他的决定提出上诉,则在该上诉被驳回后,视情况根据条件或要求登记该地理标志,或在修改、变更条件后登记该地理标志。

第 161E 条 登记地理标志的续展

(1) 任何登记地理标志自申请之日起 10 年内有效,除了提前撤销。

(2) 任何登记地理标志可由其所有人在期满前 6 个月内向局长按规定缴纳续展费后可申请续展,每次可续展 10 年:

该期限届满后局长可给予申请人 6 个月的宽限期,使其在支付规定的附加费后仍可以续展登记。

(3) 续展登记时,局长不对地理标志进一步审查,任何人不得提出异议。

(4) 局长应将地理标志的续展情况记录在登记簿中,并安排在公报上公告。

(5) 如申请人未按照第(2)款规定提交续展申请、缴纳续展费,局长应将该地理标志从地理标志登记簿中注销。

第33A章 颁发登记证书和地理标志登记簿[1]

第161F条 颁发登记证书

如果局长根据本部分对任何申请进行了正式登记,则在收到规定的证书费后,他应按规定的格式向申请人颁发登记证书,而申请人成为地理标志的所有人(以下简称"登记所有人")。

第161G条 地理标志登记簿

(1)局长应在知识产权局保存和保管"地理标志登记簿",所有已登记的地理标志均应按其登记的先后顺序记录在地理标志登记簿中。

(2)地理标志登记簿应包括下列详细情况:

(a)地理标志;

(b)登记编号;

(c)登记所有人的姓名和地址,如果登记所有人不在斯里兰卡,则应提供其在斯里兰卡的邮寄地址;

(d)申请日和登记日;

(e)已被授予地理标志登记的产品清单;

(f)标准摘要;

(g)地理区域地图;和

(h)标准及相关的管理计划。

任何人均可查阅地理标志登记簿,并可在支付规定费用后获得经核证的登记簿摘录。

第33B章 登记所有人的权利和地理标志登记管理

第161H条 登记所有人的权利

地理标志的登记所有人有权阻止:

(a)对与使用该地理标志的产品相同种类的产品:

(ⅰ)在并非源自有关地理标志所指明的地方或不符合使用该地理标志的适用规定的产品,包括农产品、食品、葡萄酒、烈酒、手工艺制品及天然产

---

[1] 第33A章至第33E章根据斯里兰卡2022年第8号法第7条予以增补。

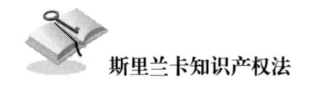

品上，任何直接或间接使用、盗用、模仿、再现地理标志的行为，即使该产品的真正原产地已被标明，或该地理标志被以翻译形式使用，或附有"样式""种类""类型""制造""仿制""方法""产生于""像""类似"等类似表达；或

（ⅱ）直接或间接使用、盗用、模仿、再现地理标志，构成本法第160条所指的不正当竞争行为；或

（ⅲ）可能在产品，包括农产品、食品、葡萄酒或烈酒或手工艺制品和天然产品的真正原产地、来源或性质方面误导消费者的任何其他行为。

（b）就与使用该地理标志的产品不同种类的产品：

（ⅰ）在与使用该地理标志的产品不同种类的产品，包括农产品、食品、葡萄酒、烈酒、手工艺制品以及天然产品上，任何直接使用、盗用、模仿、再现地理标志的行为，例如该等使用会明示或暗示产品与地理标志的所有人有联系并可能会侵害该所有人的利益，或该等不正当的使用方式可能会侵害或淡化地理标志的声誉，或不正当地利用该地理标志的声誉；

（ⅱ）在与使用该地理标志的产品不同种类的产品上，包括农产品、食品、葡萄酒、烈酒、手工艺制品以及天然产品的仿制品，任何直接使用、盗用、模仿、再现该地理标志的行为，即使标明了产品的真正原产地，或该地理标志被以翻译形式使用，或附有"样式""种类""类型""制造""仿制""方法""产生于""像""类似"等类似表达；或

（ⅲ）任何其他可能在产品的真实来源或性质方面误导消费者的行为。

第161I条 已注册地理标志不得成为通用名称

根据本法登记的任何地理标志不得成为通用名称，通用名称是指作为地理标志登记产品的通用指称而广为人知的名称。

第33C章 地理标志登记的撤销

第161J条 撤销地理标志登记

在下列情况下，局长可撤销任何地理标志的登记：

（a）任何被登记为地理标志的产品失去其作为地理标志产品的特性；

（b）该登记所有人未能遵守该地理标志登记所依据的条件和要求（如有）；

（c）该地理标志的登记所有人以书面形式请求局长撤销该地理标志的登

记；或

（d）登记所有人未按照第 161E 条的规定续展登记的地理标志。

第 33D 章　外国地理标志

第 161K 条　外国地理标志

任何外国地理标志只要在其原产国作为地理标志或证明商标（视情况而定）受到保护的，均可在斯里兰卡登记。本法中有关登记地理标志的规定适用于此类外国地理标志。

第 33E 章　其他事项

第 161L 条　地理标志的修改

地理标志的登记所有人如果因为技术、科学的发展和地理区域限界变化而打算修改标准和相关的管理计划，可向局长提出修改请求，并缴纳规定的费用：

对已登记地理标志的任何影响到该地理标志根本特性的修改将不被局长接受。

第 161M 条　根据本法将证明商标登记为地理标志

任何根据本法第 142 条将地理标志注册为证明商标的人，如果愿意，可根据第 161B 条申请将该商标登记为地理标志。

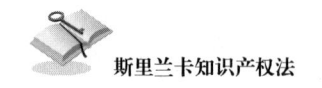

第 10 部分

第 34 章 咨询委员会的组成和权力

第 162 条 咨询委员会的任命

(1) 部长可以设立咨询委员会（以下简称"委员会"），就有关版权、工业品外观设计、商标、专利、地理标志和不正当竞争以及其他任何与知识产权领域或主题相关的事项向其提供建议。❶

(2) 根据第（1）款设立的委员会应由下列人员组成：

(a) 委员会委员不少于 5 人、不多于 10 人，由部长在从事法律、商业或者相关领域工作并表现出相应能力的人员中任命（以下简称"委任委员"）；

(b) 局长是委员会的当然委员，并担任委员会的秘书。

(3)(a) 在遵守第（4）款规定的前提下，委员会的委任委员的任期为 3 年：

因替代辞职、被撤职或以其他方式离职的委员而被任命的，新任委员的任期为他所继任委员的任期尚未到期的期间。

(b) 因任期届满而离职的委员会的委任委员有资格被重新任命。

(4)(a) 委员会的委任委员可以通过致函部长的方式辞职并且该辞职在部长接受书面辞呈时生效。

(b) 部长可以随时撤销委任委员的职务，但应说明理由。

(c) 如果委员会的委任委员因病、在境外或其他原因暂时不能履行职责，则部长可以任命另一人代替他担任委员。

(5)(a) 部长应从委员会的委任委员中任命一名委员会主席（在本部分中简称"主席"）。

(b) 如果主席因病、其他不适或在境外而暂时不能履行职责，则部长可以任命另一名委任委员代替他担任主席。

(c) 部长可以随时撤销主席的职务，但应说明理由。

(d) 主席可以通过书面致函部长的方式辞去主席职务并且该辞职在部长

---

❶ 根据斯里兰卡 2022 年第 8 号法第 10 条予以修正。

接受辞呈时生效。

（e）在遵守（c）项和（d）项规定的前提下，主席的任期为他担任委员会委员的期限。

（6）可以任命必要的官员和职员以协助委员会履行本部分规定的职责。

（7）委员会的委员可以从基金中按照部长与负责财政事务的部长协商确定的金额获得报酬。

（8）委员会的职责：

（a）就与版权、工业品外观设计、商标、专利、地理标志和不正当竞争有关的任何事项或问题或者部长随时转交给委员会的与知识产权有关的任何其他事项进行调查并向部长报告。❶

（b）审查和实施与版权、工业品外观设计、商标、专利、地理标志和不正当竞争或任何其他与知识产权有关事项的法律并向部长提出修改、补充或增加该法律的建议。❷

（c）根据（a）项或（b）项撰写报告或提出建议时，委员会认为有必要时，可征求并考虑商会、专业组织、相关机构、政府部门和公众的意见。

（9）部长可向委员会发出关于其履行职责和行使权力方式的特别或一般的书面指示，委员会应当执行。

---

❶❷ 根据斯里兰卡2022年第8号法第10条予以修正。

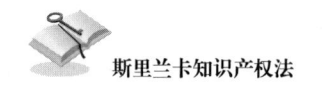

第 11 部分

第 35 章　向局长和法院提出申请和诉讼

第 163 条　登记簿的更正和更改

（1）根据工业品外观设计、专利、商标和本法规定的其他登记的登记所有人或其代表提出的申请，局长可依据法律规定的方式对以下内容进行更正或修改：

（a）工业品外观设计、专利、商标或本法规定的其他登记的登记所有人的姓名、地址或相关描述；

（b）工业品外观设计、专利、商标或本法规定的其他登记的详情。

（2）在不损害法律其他规定的情况下：

（a）法院可应任何权利受到侵害者的申请，就登记簿内未插入或遗漏的记录、登记簿内无充分理由的记录、登记簿内遗留的错误的记录或登记簿内有错误或缺陷的记录，作出其认为适当的命令，以作出、删除或更改该记录；

（b）法院可在根据本条进行的任何程序中就任何登记簿的更正作出必要或适宜的决定；

（c）在工业品外观设计、专利、商标或本法规定的其他登记保护客体的登记、转让或转移中存在的欺诈行为的，局长本人可根据本条的规定向法院提出申请。

（3）在本法规定的任何诉讼中，如果其中所寻求的救济包括更正、修改登记簿，则局长有权出庭并发表意见，且如果法院要求则必须出庭。除非法院另有指示，否则局长可以提交由他签署的书面声明给法院，提供涉案争议有关事项的详情，或他对相同情况作出生效决定的理由，或其办公室在类似情况下的做法，或其他与诉讼相关并且是他作为局长所知道的事项，并且该声明被视为诉讼证据的一部分。

（4）在处理任何登记簿的更正、修改问题时，法院有权就有关更正、修改的问题审查局长作出决定的依据。

第 164 条　复印登记簿的损坏卷册以准备插入重建的分页的权力

（1）如果局长确定根据本法保存的登记簿的任何卷册损坏无法被修复，

则他可以命令按其要求制作一份复制件并予以核证。

（2）根据第（1）款规定制作并核证的复制件将作为副本取代卷册并在一切情况下被视为与被取代的卷册具有相同的法律效力。

（3）对于根据第（1）款规定制作了复制件已损坏的卷册，局长应安排保存适当的期限以供必要时参考。

（4）经过调查后，如果局长确定任何登记簿卷册的分页已丢失无法找回，或者已经永久性毁坏而导致其中的记录或任何重要部分不具有可读性，则他可命令重制该分页。

（5）除非按照第（4）款规定的程序，否则不得重制分页，前提是获取了：

（a）局长接受和使用的用以确定丢失、残缺或损坏的分页原始内容的证据；

（b）局长发出有关准备重制分页工作的通知；

（c）因受要重制的分页所载任何信息影响的人提出的反对意见；和

（d）局长对任何此类反对意见进行的调查。

（6）如果局长依据本条的规定重制了任何分页，则局长应以规定的方式核证重制的分页并将其插入登记簿中相应的位置替代原来丢失、毁损的分页或者插入根据本条规定制作的登记簿副本，并且重制的分页在被核证并插入后在一切情况下均视为与其所替代的分页具有相同的法律效力。

（7）在经过必要的调查后，局长可更正登记簿任何条目中的书写错误或遗漏或更正在根据本法规定保存或签发的证书中发现的任何书写错误或遗漏，并且为此可以撤回任何此类证书并修改或者以新的证书取代。

第165条　局长签署的证书作为证据

在本法或相关规章授权范围内，局长签署的任何关于登记、事项或行为的证书应作为该登记以及其内容已经被记录、该事项或行为已完成或未完成的初步证据。

第166条　核证的副本作为证据

任何文件、登记簿或其他根据本法在办公室中保存的书面文件的印刷、机械复制、打字或手写的复制件或摘录，经局长核证后均可在斯里兰卡的任何法院作为证据而无须进一步证明或提供原件。

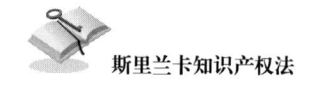

第 167 条　提供证据的方式

（1）根据本法引发的任何诉讼应以书面形式向法院提交证据，除非另有规定。若法院认为适当，也可采纳口头证词以取代或补充书面声明的证据。

（2）在局长进行的调查中提供证据时，第（1）款的规定应参照适用。

（3）对于取得的任何口头证据，局长可行使调查委员会法授予委员会的权力以强制证人出席和提供文件并监督所有的证人进行宣誓。

第 168 条　局长自由裁量权的行使❶

如果本法或根据本法制定的任何规章赋予局长自由裁量权或其他权力，则在涉及工业品外观设计、专利、商标、地理标志或本法规定的其他事项的登记申请人或登记所有人时，局长不得以对他们不利的方式行使该权力，除了给予这些申请人或登记所有人听证的机会（如果有法定要求限时执行）。

第 169 条　局长可寻求总检察长的协助

在执行本法规定中出现疑问或困难时，局长可寻求斯里兰卡总检察长的协助。

第 170 条　侵权和救济

（1）对于根据本法受保护的任何权利，权利持有人只要能够向法院充分证明有人正在威胁侵权或已经侵权或者正在实施或即将实施可能侵害本法规定的权利的行为，法院即可颁布禁令以阻止这样的人开始或继续侵权行为或实施此类行为，并可裁定给予损害赔偿和法院认为公正合理的其他救济措施。禁令和损害赔偿可被同时批准并且不得仅因申请人有权获得损害赔偿而否决禁令。

（2）被告可以在第（1）款中所述的诉讼程序中根据情况向法院申请，请求宣告工业品外观设计、专利、商标、地理标志或本法规定的任何其他登记无效或其中的任何部分无效，此时适用与此类登记无效相关的规定。❷

（3）（a）法院有权下令：

---

❶ 根据斯里兰卡 2022 年第 8 号法第 11 条予以修正。
❷ 根据斯里兰卡 2022 年第 8 号法第 12 条予以修正。

（ⅰ）除追回侵权人的任何利益外，还应向权利人支付赔偿金以充分补偿因侵权而遭受的损失；

（ⅱ）将侵权商品排除在商业渠道之外或者予以销毁且不予补偿；和

（ⅲ）在保守秘密信息的前提下，如果一方当事人提出了合理的证据支持其诉讼请求并明确指出与该请求的真实性有关的证据在对方当事人的控制之下，则由对方当事人提供与该请求真实性有关并在其控制下的证据。

（b）针对用于制造侵权商品的材料和工具，法院可裁定采取第（1）款规定的措施。

（4）作出此类裁定时，应权衡侵权行为的严重性和救济措施的必要性，同时应考虑第三人的利益。对于假冒商标的商品，除特殊情况外，仅仅去掉非法加贴的商标不足以防止该商品进入商业渠道。

（5）除与侵权的严重程度不成比例的情况外，法院可以责令侵权人将参与生产、销售侵权商品或者提供服务的人员的身份及销售渠道告知权利人。

（6）法院有权裁定采取临时保护措施且必要时可以单方面采取措施，尤其是在延误可能导致权利持有人产生无法弥补的损失或存在证据可能被销毁的情况下。

（7）单方面裁定采取临时措施的，应通知受影响的当事人，并且当事人在收到通知后有权就是否应修改或撤销所采取的临时措施要求听证。

（8）如果临时措施被修改或撤销或者随后发现未侵害受保护的权利，法院有权根据被告的请求命令申请人支付适当的赔偿金以补偿被告受到的任何损失。

（9）法院可要求申请人提供足够的担保或其他同等保证以保护被告并防止滥用本条上述条款规定的临时措施。

（10）尽管本法有关于损害赔偿的规定，但在最终判决之前，本法保护的任何权利持有人都可以随时选择法定赔偿金而不是已经证明的实际损害赔偿，而法院则在认为适当和公正的情况下在最低 5 万卢比、最高 100 万卢比的范围内确定法定赔偿金。

（11）对于任何官员根据本法任何规定采取的善意行为不得提起诉讼。

第 171 条　由被许可人提起或应其要求提起的侵权诉讼

与工业品外观设计、专利、商标或本法规定的任何其他事项有关的许可合同没有任何相反约定时，被许可人可以：

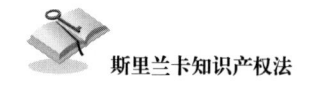

（a）就第 170 条所述的侵权威胁、侵权行为或实施行为请求工业品外观设计、专利、商标或本法规定的任何其他事项的登记所有人申请禁令：

被许可人应指明涉及此类侵权的侵权威胁、侵权行为或实施行为并指定法律规定范围内的救济措施；和

（b）如果该工业品外观设计、专利、商标或本法规定的其他事项的登记所有人拒绝或未能在收到该请求后的 3 个月内申请禁令，则被许可人可以自己的名义申请禁令并通知登记所有人可以加入诉讼：

在被许可人证明有必要立即采取措施以避免重大损害的情况下，法院可以在本条（b）项规定的 3 个月期限届满之前根据被许可人的申请颁布禁令。

第 172 条　不侵权声明

（1）根据合法权利人提出的申请，法院可以对工业品外观设计、专利、商标、地理标志或本法规定的任何其他事项的登记人（视情况而定）宣告具有威胁性的行为或特定行为的实施不构成对工业品外观设计、专利、商标或本法规定的任何其他事项的侵权威胁或侵权。[1]

（2）工业品外观设计、专利、商标、地理标志或本法规定的任何其他登记人（视情况而定），应将上述申请通知相应的受让人或被许可人，且在其与登记所有人签订的协议没有相反约定的情况下，受让人或被许可人有权参加诉讼。[2]

（3）申请宣告不侵权之诉可以与申请宣告工业品外观设计、专利、商标、地理标志或法律规定的其他事项的登记无效诉讼同时进行，前提是宣告不侵权之诉涉及的事项尚未成为侵权诉讼的对象。[3]

（4）斯里兰卡 1978 年第 2 号司法法和民事诉讼法的规定适用于根据本法向法院提出的每项禁令申请。

第 173 条　上　诉

（1）不服局长根据本法所作出的决定的任何人可以在作出该决定之日起 6 个月内向法院上诉。

（2）上诉人可以通过上诉申请书向法院提出上诉，并附经核证的决定书副本以及知识产权局所有相关文件的复制件和书面证词。上诉申请书及附属

---

[1][2][3] 根据斯里兰卡 2022 年第 8 号法第 13 条予以修正。

文件和书面证词的复制件应当送达局长和上诉申请书中所列的其他被告。此类送达的证据应随上诉申请书一并提交给法院。被告可以提交答辩意见。

（3）法院可以要求局长提供原始文件，可以接受并承认符合法院要求的书面证词和文件作为新的证据以及作为就争议事项向局长提交的证据的附加或补充。

（4）在此类上诉中，法院根据诉讼需要，可以确认、撤销或修改局长的决定，向局长发出相应的裁决，或者裁定由局长进一步进行听证。

（5）诉讼中的一方当事人不服法院在第（4）款下作出的涉及其事项的裁决的，可以在获得最高法院的准许后向最高法院提出申诉，申请纠正任何事实或法律上的错误。

（6）根据第（5）款向最高法院提出申诉的，应尽可能符合最高法院关于向最高法院申诉的特别许可的规则所规定的程序。

第 174 条　法院和局长的费用

（1）在局长根据本法进行的所有诉讼中，局长有权要求任何一方承担其认为合理的费用并指示向谁支付费用，该等命令可提交至法院作为法院的命令执行。

（2）在根据本法向法院提起的诉讼中，不得裁定由局长支付费用。但法院可以判决向局长支付费用。

第 36 章　登记代理人

第 175 条　登记代理人

（1）本法所称代理人是指根据本法规定或根据本法制定的规章登记的代理人。

（2）根据本法登记为代理人的任何人都有权并有资格根据本法行使代理人职责。

（3）满足下列条件的人可以被认可和登记为代理人：

(a) 斯里兰卡公民且通常居住在斯里兰卡；

(b)（ⅰ）斯里兰卡最高法院的律师；或

（ⅱ）具备规定的代理人资质；和

(c) 缴纳了规定的费用。

（4）如果法人团体的大多数董事或者企业的大多数合伙人是登记代理人，则该法人团体或企业（视情况而定）可以作为代理人。

（5）根据本法登记的代理人有效期为 3 年，在缴纳规定费用的情况下可以续期，续期后的时间为 3 年，但是在缴纳了规定的附加费的情况下允许在延长的 6 个月宽限期内续期。

（6）尽管有第（2）款的规定，但任何经正式委托的代理人，即使未在本章的规定下登记，也可以在本章生效之日起 2 年内代表其客户。

（7）本法所称代理权是指代理人实施的或根据规定签署的授权书确定的权力。

第 37 章 基　　金

第 176 条　基　　金

（1）为了实现本法的目的应设立基金，且该基金按照主管贸易的部长或部长所属部门的秘书与局长协商的方式进行维护。

（2）根据本法或任何根据本法制定的规章所征收或收取的每笔费用的 2/3 应被付到基金中。

（3）局长在行使、履行本法规定的权力、职能和职责时产生的所有应支付的款项以及本法或根据本法制定的任何规章要求从该基金支付的所有款项均应从第（1）款所述的基金中支付。

（4）根据第（2）款支付到基金后的 1/3 款项余额，即依据本法或任何根据本法制定的规章所征收或收取的每笔费用的余额，应计入合并基金。

（5）主管贸易的部长所属部门的秘书应在每个日历年结束后尽快准备一份关于基金管理的报告，并应保存基金每个日历年的全面和适当的账目记录。

（6）根据宪法第 154 条，审计总长应对基金账目进行审计。

（7）本基金的财政年度应为日历年。

第 38 章　犯罪及罚则

第 177 条　伪造登记罪

任何人对根据本法保存的登记簿作出或使人作出虚假登记或虚假的登记簿复制件，或明知登记或记录是虚假的仍出示、提供或使人出示或提供任何该等书面资料作为证据的，构成犯罪，并且经地方法官审判定罪后可被处以不超过 50 万卢比的罚金或不超过 7 年的监禁。

第 178 条　侵犯版权罪

（1）任何人故意侵害本法第 2 部分保护的任何权利的，视为犯罪，并且在地方法官审判定罪后可被处不超过 50 万卢比的罚金或不超过 6 个月的监禁或两者并罚，并且对于第二次或多次定罪者，罚金、监禁期限或两者均可加倍。

（2）明知或有理由相信制作的复制件侵害本法第 2 部分保护的权利，任何人销售、许诺销售或持有供销售、出租或用于任何其他商业目的任何此类复制件的，构成犯罪，并且在地方法官审判定罪后可被处以不超过 50 万卢比的罚金或不超过 6 个月的监禁或两者并罚，并且对于第二次或多次定罪者，罚金、监禁期限或两者均可加倍。

（3）任何人为谋取商业利益而故意使用侵害他人权利的计算机程序的，构成犯罪，并且在地方法官审判定罪后可被处以不超过 50 万卢比的罚金或不超过 6 个月的监禁或两者并罚。

（4）无论被指控的犯罪者是否被定罪，地方法官都可以作出裁定，将被指控的犯罪者所拥有的所有作品复制件、用于侵权的工具、用于违法复制的印版或用于制作侵权复制件的印版或工具销毁或转移给权利人，或以法官认为适当的其他方式处理。

第 179 条　侵犯工业品外观设计罪

任何人故意侵害工业品外观设计的登记所有人、受让人或被许可人的权利的，构成犯罪，并且在地方法官审判定罪后可被处以不超过 50 万卢比的罚金或不超过 6 个月的监禁或两者并罚，并且对于第二次或多次定罪者，罚金、监禁期限或两者均可加倍。

第 180 条　虚假陈述工业品外观设计罪

（1）任何人为工业或商业目的虚假陈述：

（a）非登记工业品外观设计而宣称其为登记的工业品外观设计；

（b）宣称未进行外观设计登记的产品为登记的工业品外观设计产品；

（c）宣称登记的工业品外观设计在某些情况下享有专有使用权，而根据登记簿的记载所受到的限制，该登记并未提供此类权利；

构成犯罪，并且在地方法官审判定罪后可被处以不超过 50 万卢比的罚金或不超过 6 个月的监禁或两者并罚。

（2）如果行为人在与工业品外观设计相关的场合下使用"登记"或任何明示或暗示已获得工业品外观设计登记的词语或词语组合，则被视为宣称该工业品外观设计已登记。

第 181 条　侵犯专利罪

任何人故意侵害专利的登记所有人、受让人或被许可人权利的，构成犯罪，并且在地方法官审判定罪后可被处以不超过 50 万卢比的罚金或不超过 6 个月的监禁或两者并罚，并且对于第二次或多次定罪者，罚金、监禁期限或两者均可加倍。

第 182 条　虚假陈述专利罪

（1）任何人为工业或商业目的而进行下述行为的：

（a）宣称非登记专利为登记专利；

（b）将未进行登记的产品或工艺宣称为已登记专利产品；

（c）宣称登记的专利在某些情况下享有专有使用权，而根据登记簿的记载所受到的限制，该登记并未提供此类权利；

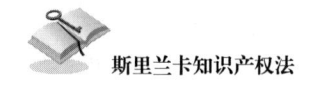

构成犯罪，并且在地方法官审判定罪后可被处以不超过 50 万卢比的罚金或不超过 6 个月的监禁或两者并罚。

（2）如果行为人在与专利相关的场合下使用"登记"或任何明示或暗示已获得专利登记的词语或词语组合，则被视为宣称该专利已登记。

第 183 条　非法披露专利信息罪

正在或曾在知识产权局工作或受雇的任何人将在工作期间获得的任何与专利或相关事项的信息传达给无权或未经授权接收此类信息的人或向公众披露此类信息或以其他非法方式使用此类信息的，构成犯罪，并且在地方法官审判定罪后可被处以不超过 50 万卢比的罚金或不超过 12 个月的监禁或两者并罚。

第 184 条　侵犯商标罪

任何人故意侵害商标的注册所有人、受让人或被许可人的权利的，构成犯罪，并且在地方法官审判定罪后可被处以不超过 50 万卢比的罚金或不超过

6个月的监禁或两者并罚,并且对于第二次或多次定罪者,罚金、监禁期限或两者均可加倍。

第185条 虚假陈述商标罪

(1) 为工业或商业目的而实施了下述行为的任何人:

(a) 宣称非注册商标为注册商标;

(b) 宣称注册商标在未进行注册的商品或服务上进行了注册;或

(c) 宣称商标的注册在某些情况下提供专有使用权,而根据登记簿的记载所受到的限制,该注册并未提供此类权利;

构成犯罪,并且在地方法官审判定罪后可被处以不超过50万卢比的罚金或不超过6个月的监禁或两者并罚。

(2) 如果行为人在与商标相关的场合下使用"注册"或任何明示或暗示已获得商标注册的词语或符号,则被视为宣称该商标已注册。

第186条 有关商标和商业说明的其他犯罪行为

(1) 任何人:

(a) 伪造商标;或

(b) 在商品上虚假应用与已注册商标非常近似、可能会误导消费者的一个或多个商标;或

(c) 制作或为制作而持有任何伪造商标用的模具、印章、机器或其他工具;或

(d) 对商品进行虚假的商业描述;或

(e) 销售或为销售而持有任何伪造商标的模具、印章、机器或其他工具;或

(f) 导致本条所述事项发生;

则按照本部分的规定构成犯罪,除非他证明自己没有欺诈意图。

(2) 任何人销售、许诺销售或以销售、任何贸易或生产为目的持有、使用了伪造商标或虚假商业描述的商品或物品或者与已注册商标非常近似以致可能会虚假使用或误导消费者的商品或者物品,视情况而定,构成犯罪,除非他证明:

(a) 已经采取了所有合理的预防措施以防止犯罪并且在涉嫌犯罪时没有理由怀疑商标或商业描述的真实性;和

（b）在检察官或检察官代表的要求下提供了他能提供的有关其从何人获取此种商品或物品的所有信息；或

（c）在善意的情况下做出了此类行为；

否则构成犯罪。

（3）任何人进口在斯里兰卡境外生产的、通常按长度或按件销售的任何商品的，或者销售、为销售或其他商业目的展示、持有通常按长度或按件销售的无论是在斯里兰卡境内还是境外生产的商品的，只要在每件商品上没有以英文数字明显地印上以标准米为单位的商品长度或根据该商品实际长度印上以标准米和其小数为单位的长度的，构成犯罪：

本款的任何规定均不适用于在斯里兰卡境内任何手工制造的按件销售的商品。

（4）根据本条被判有罪的在地方法官审判定罪后可被处以不超过50万卢比的罚金或不超过2年的监禁或两者并罚，并且对于第二次或多次定罪者，罚金、监禁期限或两者均可加倍。

（5）无论被指控的行为是否被定罪，对所有用于犯罪或与犯罪有关的动产、商品、文书、其他物品，地方法官都可以判决由国家或其他机构销毁或没收或以法官认为适当的其他方式进行处理。

第186A条　地理标志犯罪[1]

本部分规定的与商标有关的犯罪和处罚条款，参照适用于地理标志。

第187条　法人团体的犯罪行为

如果法人团体犯了本法规定的罪行，则在犯罪时担任该机构的董事长、总经理、秘书或其他类似职务的人员，除非其能够证明该罪行是在其未同意或未默许的情况下发生并且他已尽一切努力防止该罪行的发生的，否则将构成犯罪。

第188条　解　　释

就本部分而言，适用第101条中规定的定义，除了上下文另有要求。

---

[1] 根据斯里兰卡2022年第8号法第14条予以增补。

第 189 条　假名及缩写

（1）本部分规定中关于对商品进行虚假商业描述或关于使用了虚假商业描述的商品的规定同样适用于下列商品：

（a）无论是否包含注册商标，使用任何图形、词语、标记、排列或它们的组合，都可能使人们误以为这些商品是某个实际制造或销售商品的人制造或销售的商品；

（b）使用他人的假名或缩写的商品或将假名或缩写以与虚假的商业描述等同的方式使用的商品。

（2）就本部分而言，"假名或缩写"是指应用于任何商品的以下个人的名称或缩写：

（ⅰ）不是商标或商标的一部分；和

（ⅱ）与从事相同描述的商品业务的个人的名称或缩写相同或者彩色模仿且是未经授权使用此类名称或缩写；和

（ⅲ）是虚构的个人或非善意从事此类商品有关业务的个人。

（3）商业描述如明示或暗示其所适用的商品的米或标准米长度多于该商品所实际具有的米或标准米长度，则属于虚假商业说明。

第 190 条　伪造商标

任何实施了下列行为的人应被视为伪造商标：

（a）未经商标所有者的同意制作该商标或者制作一个与该商标极为相似可能引起误解的商标；或

（b）通过修改、添加、抹去或其他方式伪造任何真正的商标；

并且由此制作或伪造的任何商标在本部分中被称为伪造商标：

任何有关伪造商标的诉讼中，证明其已获得商标所有者同意的责任由被告承担。

第 191 条　虚假声明罪

任何实施了下列行为的人：

（a）向局长提供虚假声明；

（b）在地理标志方面（包括锡兰茶和锡兰肉桂）提供虚假声明；

构成犯罪，由地方法官判处不超过 50 万卢比的罚金。

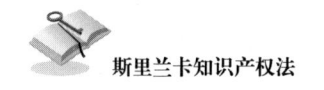

第 192 条　商标及描述的应用

(1) 任何人实施下列行为的,应被视为将商标或商业描述应用于商品:

(a) 将其应用于商品本身;或

(b) 将其应用于任何销售或展示的商品的包装、标签、卷轴或其他物品或者以销售、交易或生产为目的而持有包装、标签、卷轴或其他物品;或

(c) 将销售、展示的商品,或以销售、交易或生产为目的而持有的商品放置、包装或附加于已应用商标或商业描述的包装、标签、卷轴或其他物品上;或

(d) 以可能导致人们误认为使用了商标或商业描述的商品与商标指示或商业描述的商品有关联的方式使用商标或商业描述。

(2) "包装"一词包括任何塞子、桶、瓶、器皿、盒子、盖子、胶囊、箱子、框架或包装纸;并且"标签"一词包括任何条带或票据。

(3) 无论商标或商业描述是以编织、压印、盖章、刻印还是以其他方式制作或附加到商品、包装、标签、卷轴或其他物品上,均被视为应用。

(4) 未经商标所有者的同意将商标或任何与之非常相似而可能引起误解的商标应用于商品的,被视为虚假应用商标于商品,并且在任何虚假应用商标于商品的诉讼中,证明其已获得商标所有者同意的责任由被告承担。

第 193 条　日常业务过程中受雇人员的豁免

当一个人被指控为了伪造的目的或为了用于伪造商标的目的而制作印模、印章、模具、机器或其他任何工具,或将虚假商标或与商标极为相似而可能引起误解的任何商标应用于商品,或将任何虚假的商业描述应用于商品,或以本条规定的其他方式导致上述情况发生时,如果该人能够证明:

(a) 在他的日常业务中他是受人雇用代表其制作印模、印章、模具、机器或其他工具以制作商标或在制作商标中使用,视情况而定,或者将商标或商业描述用于商品,且在涉诉案件中,他是被斯里兰卡的居民雇用,没有从相关商品销售的利润或佣金中受益;和

(b) 他采取了合理的预防措施以避免犯罪;和

(c) 被指控犯罪发生时,他没有理由怀疑商标或商业描述的真实性;和

(d) 他向检察官提供了所拥有的关于商标或商业描述应用人的所有信息;

则他将被免予起诉,除非向检察官发出符合本条规定的意图辩护的通知,

否则他应支付检察官所产生的费用。

第 194 条　诉状中对商标的描述

在任何控告、指控、诉讼或文件中，如果需要提及任何商标或伪造商标，只要声明该商标或伪造商标是商标或伪造商标即可，无须进一步描述或提交任何复制件或传真。

第 195 条　证据规则

在本部分的任何犯罪诉讼中：

（a）被告及其配偶（如适用）在被告认为适当时可以被传唤为证人，并且被传唤作证时应宣誓并接受诘问，也可以像其他证人一样接受盘诘和再诘问；

（b）对于进口商品的案件，装运港的证据将被认为是关于商品制造或提供的初步证据。

第 196 条　对从犯的惩罚

任何在斯里兰卡国内的人教唆在斯里兰卡境外的人犯下本部分规定的罪行的，应被视为犯有教唆罪并可在斯里兰卡的任何地区或地点被起诉、审理和定罪，就好像犯罪是在该地区内犯下的一样。

就本部分而言，教唆一词与刑法典第 101 条中的定义相同。

第 197 条　搜查令

（1）（a）在接到有关本部分所涉犯罪的信息后，地方法官可以签发传票要求涉嫌犯下此类罪行的人出庭并说明理由，或者如果此人未出庭，法官可以签发逮捕令以逮捕此人。

（b）如果地方法官凭借宣誓证词的信息有合理理由相信涉嫌犯罪有关的任何商品或物品存在于被指控人的房屋或场所内或者在其拥有或控制下的任何地方，则法官可以签发一份搜查令。

（c）任何警官或搜查令中指定或提及的其他人可以在白天的任何适当时间进入该房屋、场所或地点并对其进行搜查和扣押；并且根据任何此类搜查令扣押的商品或物品应被移到地方法院以确定这些商品是否应根据本部分规定予以没收。

(2)(a) 如果不知道或无法找到商品或物品的所有人，则法院根据现有信息或诉状可强制执行此类没收（如果其所有者已被定罪，则应根据本部分规定予以没收），并且法院应发布公告并在公告中通知可以提出异议的规定时间和地点并在异议中说明该商品或物品为何不应被没收。

(b) 如果商品或物品的所有者、其代表或其他利害关系人未能在通知中指定的时间和地点提出充分的异议理由，则法官可以下令全部没收或部分没收这些商品或物品。法院的每份此类命令均可被提出上诉。

(3) 根据本条或本部分的其他条款没收的商品或物品应被按照法官下令没收时指示的方式销毁或以其他方式处理，并且就处置此类货物（首先去除所有商标和商业描述后）所获得的收益，法官可以判决给无过错一方以弥补其在处理此类货物时所遭受到的损失。

第198条 辩护费和诉讼费

在有关本部分的诉讼中，法院可以根据被告和检察官的陈述和行为责令被告向检察官支付费用或者责令检察官向被告支付费用，并且所判定的费用金额如罚金一样可被强制执行。

第199条 关于虚假描述的规定不适用于某些情况

在本法生效时，如果某个商业描述已被合法、普遍地使用于某类商品或者某制造方法生产的商品以表示该商品的类别或该商品的制造方法，那么本部分关于虚假商业描述的规定不适用于此类商业描述：

商业描述包括某个地点或国家的名称，而这个名称可能会误导人们认为该商品是在该地点或国家制造或提供的但实际上并非如此，那么除非在该地点或国家的名称之前或之后以同样明显的方式标明该商品实际制造或提供的地点或国家的名称并标明商品是在该地点或国家制造或提供的，否则不适用于本条的规定。

第200条 例 外

(1) 除非本部分有规定，否则本部分的规定不得对任何人免除可能对其提起的民事诉讼或其他程序。

(2) 本部分的任何内容都不使任何人有权拒绝在任何诉讼中提供完整的信息、回答任何问题或询问，但是这种信息或回答不得作为指控其犯有本部分规定的罪行的证据。

（3）本部分的任何内容都不应被解释为使斯里兰卡的任何雇员由于按照检察官的要求遵循诚实信用原则披露其雇主的信息而面临民事诉讼或刑事起诉。

第 201 条　可审判和可保释的罪行

根据 1979 年第 15 号刑事诉讼法的规定，本部分规定的所有罪行都是可审判和可保释的。刑事诉讼法的规定适用于本部分规定的任何犯罪行为。

第 202 条　追诉时效

对任何本法规定的罪行，该犯罪行为发生后超过 3 年或检察官发现该犯罪行为后超过 2 年的，不得起诉，以最先届满的为准。

第 203 条　销售带有商标的商品的默示保证

除非卖方或卖方代表以书面形式明确表达出相反内容并在销售或签署销售合同时交给买方并被买方接受，否则在销售或销售合同中涉及带有商标或商业描述的商品的，应被视为卖方将保证该商标是真实的商标，没有伪造或虚假使用，保证商业描述不属于本部分规定的虚假商业描述。

第 39 章　规　　章

第 204 条　规　　章

（1）部长可以随时制定规章以执行或实施本法的原则和规定，特别是就本法规定的任何必须予以规定的事项。

（2）在不损害第（1）款赋予的权力的普遍性的前提下，部长可以就下列任何一项或全部事项制定规章：

（a）注册程序；

（b）为了注册而对商品和服务进行分类；

（c）与注册和其他事项相关的应缴费用；

（d）实现本法规定的目的所使用的表格；

（e）设立代表第 2 部分规定的权利所有人管理其权利的协会以及规定协会的工作条件；

（f）本法第 36 章规定的代理人的准入、登记、注销、移除和其他事项；

（g）在斯里兰卡实施《专利合作条约》的方式；

（h）根据本法由局长指示或管理的所有事项。

（3）部长制定的每一部规章均应通过公报公布并自公布之日或规章指定之日起生效。

（4）部长制定的每一部规章在公报上公布后应尽快提交议会批准。未经批准的规章自其被否决之日起撤销，但此前已执行完毕的事项不受影响。

（5）部长制定的任何规章被视为撤销的日期应通过公报公布。

第 40 章　修正 1996 年第 10 号省高等法院法（特别规定）

第 205 条　修正 1996 年第 10 号省高等法院法

对 1996 年第 10 号省高等法院法（特别规定）作出下列修改：

（1）废除该法第 1 附表中的第 3 项并以下列内容取代：

2003 年第 36 号知识产权法规定的所有诉讼由根据宪法第 154 P 条设立的高等法院管辖。

（2）废除该法第 2 附表中的第 2 项。

第 41 章　修正海关条例

第 206 条　修正海关条例（第 235 章）第 101 条

在海关条例（第 235 章）第 101 条（e）项之后立即插入下列新修改的规定：

（ee）禁止进口和出口 2003 年第 36 号知识产权法规定的假冒商标的商品、盗版商品或其他任何违反该法规定的商品。

第 207 条　在海关条例中插入新条文

海关条例（以下简称"条例"）第 13 章 P 部分进行修改，在第 125 条之后立即插入下列新条文：

第 125A 条　列入条例附表 B 中的违禁商品

（1）禁止进口 2003 年第 36 号知识产权法（以下简称"知识产权法"）规定的假冒商标的商品、盗版商品或任何其他违反该法规定的商品并将这些商品列为条例第 43 条规定的禁止进口商品，同时将其列入条例附表 B 的违禁商品。

（2）禁止出口本条第（1）款所述的商品并将这些商品列为条例第44条规定的禁止出口商品，同时将其列入条例附表B的违禁商品。

（3）即使其他法律有相反规定，根据本条第（1）款和第（2）款规定的违禁商品应在商业渠道之外被处置，如果此类处置损害了知识产权法保护的权利所有者的利益，则应予以销毁。

（4）"假冒商标的商品"是指未经授权而带有与相关商品有效注册的商标相同或者在显著性特征方面无法区分开的商标的商品（包括其包装）且该行为侵害了知识产权法保护的商标所有者的权利。

（5）"盗版商品"是指未经版权持有人或版权持有人在提供国授权的人的同意而直接或间接源于作品提供国制作的商品，并且在该国制作作品复制件侵害知识产权法保护的版权或邻接权。

第125B条　海关暂停进口某商品

（1）合法权利持有人有正当理由相信正在进口的假冒商标的商品、盗版商品或其他商品侵害其由知识产权法保护的权利的，可以书面向海关关长提出申请，要求暂停将这些商品放行进入自由流通。

（2）根据第（1）款提出申请的权利持有人应提供充分的证据使海关关长确信知识产权法保护的权利人的权利存在被侵权的初步证据，并提供对商品足够详细的描述，使海关官员能够轻松识别出这些商品。

（3）（a）海关关长有权要求申请人提供足够的担保或其他等同保证以保护被告并防止申请人权利滥用。

（b）如果根据第（1）款提出的申请，海关关长决定暂停将商品放行进入自由流通的，则他应立即将暂停放行的理由通知进口商和申请人。

（4）在通知申请人后10个工作日内，如果海关关长没有收到对根据第（3）款暂停放行的商品提起诉讼的通知，只要进口或出口的所有其他条件均已得到满足，他应立即放行该商品。

（5）海关关长根据第（1）款规定的申请暂停放行商品进入自由流通，如果在第（4）款规定的期限届满后法院未授予任何临时救济措施的，只要进口的条件已经全部符合，则商品的所有者、进口商或收货人有权要求放行。

（6）尽管存在本条前述规定，但法院在下达命令准许或暂停放行商品时，2003年第36号知识产权法第170条第（4）款的规定仍应适用。

（7）法院有权命令申请人向进口商、收货人和商品所有者支付合理的赔

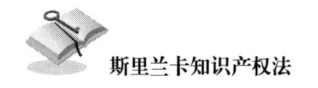

偿金以补偿因非法扣押商品或根据本条前述规定扣押放行商品而给他们造成的损害。

（8）在不损害保密信息的前提下，法院有权给权利持有人足够的机会检查海关主管机关扣押的商品以证实权利持有人的请求。此外，法院还有权给进口商同等的机会检查这些商品。

（9）在不损害权利持有人和被告的其他诉讼权利的前提下，法院有权根据2003年第36号知识产权法第170条的原则命令销毁或处置侵权商品。对假冒商标的商品，除非特殊情况，否则法院不得允许将侵权商品再出口到无关的国家或者将其纳入不同的海关手续。

（10）第125A条和第125B条的规定不适用于旅客个人行李中的少量非商业性质的商品或者少量寄售中的商品。

（11）本条"假冒商标的商品"和"盗版商品"的含义与第125A条规定的含义相同。

第42章 废除和保留

第208条 废除和保留

（1）1979年第52号知识产权法典（以下简称"法典"）废除。

（2）尽管废除了该法典，但知识产权局以及根据该法典任命的官员将继续存在并被视为已分别依据本法成立和任命。

（3）尽管废除了该法典，但根据本法生效前实施的法典制定的任何规章，只要与本法的规定不矛盾，即被视为依据本法制定，并且可以通过根据本法制定的规章对该规章进行修改、废除或变更。

（4）尽管该法典已被废除，但是：

（a）在本法生效前待处理的根据该法典向局长提出的关于工业品外观设计、专利或商标的注册申请，被视为是依据本法第3部分、第4部分或第5部分向局长提出的申请，应按本法的规定处理。

（b）本法第2部分规定的任何权利，凡是在被废除的法典生效之日被授予的，除惩罚目的外均应继续有效，例如同根据本法授予的权利一样，前提是根据该法典或根据斯里兰卡加入的任何国际条约应受保护的作品、表演、录音或广播的来源国法律以前授予的保护期限尚未到期。

（c）在本法生效前已经开始的与版权、工业品外观设计、专利、商标和不正当竞争有关的一切行为、诉讼或其他事项均被视为根据本法的规定提起并应在本法的规定下继续进行和处理。

（d）本法第3部分、第4部分、第5部分和第6部分的任何内容不影响在该法典下作出的任何命令、要求、费用表、签发的证书、通知、决定、裁定、指示、批准、提出的申请或完成的事项，并且如果这些命令、要求、费用表、证书、通知、决定、裁定、指示、批准、申请或事项在本法生效前仍有效，则被视为根据本法的规定作出的并继续有效，只要根据本法可以作出、签发、给予或完成，其效力就视为是根据本法的相应规定作出、签发、给予或完成。

（e）在本法生效前所有有效的合同、租约和协议，就所有目的而言，均被视为根据本法的规定由知识产权局、在知识产权局或为知识产权局签订或签署的合同、租约或协议。

（f）在本法生效前仍然存在的知识产权局的所有权益、权利、义务、债务和责任均被视为本法规定下的知识产权局的权益、权利、义务、债务和责任。

第209条　外观设计保留

在本法生效前存在的外观设计登记簿中的外观设计的原始记录或者根据以前的法律保存并与外观设计登记簿合并被宣布成为外观设计登记簿一部分的外观设计的原始记录，在效力上被视为已根据本法第3部分登记。然而，对每一项此类外观设计的原始日期应予保留。

第210条　专利保留

在本法生效前存在的专利登记簿中的专利的原始记录或者根据以前的法律保存并与专利登记簿合并被宣布成为专利登记簿一部分的专利的原始记录，在效力上被视为已根据本法第4部分登记。然而，对每一项此类专利的原始日期应予保留。

第211条　商标保留

（a）在本法生效前存在的商标登记簿中的商标的原始记录或者根据以前的法律保存并与商标登记簿合并被宣布成为商标登记簿一部分的商标的原始记录，在效力上被视为已根据本法第5部分登记。然而，对每一项此类商标

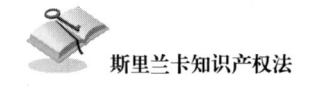

的原始日期应予保留。

（b）在法典生效日后已经注册有效且根据法典当时是可注册的商标的，不得因其根据注册之日有效的法律不可注册而被从登记簿中撤销。

（c）在本法生效前已经注册并且根据本法第 5 部分是可注册的商标，不得因其根据注册之日有效的法律不可注册而被从登记簿中撤销。

（d）第 5 部分的任何内容都不得：

（i）使在本法生效前有效注册的商标的原始注册无效；或

（ii）使任何人对在本法生效日期之前已经完成的任何行为或事项承担在该行为或事项发生时的有效法律下他本不应承担的责任。

第43章 解　　释

第212条　在本法中，除了上下文另有规定：

斯里兰卡中央银行，指根据货币法（第 422 章）成立的斯里兰卡中央银行。

缔约方，指已加入或被批准加入或以后可能加入或被批准加入《保护工业产权巴黎公约》（以下简称《巴黎公约》）的任何国家以及所有世界贸易组织成员或以后可能成为世界贸易组织成员的国家，还包括就工业品外观设计、专利、商标以及本法规定的其他事项和其他登记与斯里兰卡签订或以后可能签订创设互惠权利和义务的条约、公约或协议的任何国家。

公约，指《巴黎公约》，世界贸易组织或斯里兰卡为缔约国的任何其他国际或区域公约、条约或协议，以及就工业品外观设计、专利、商标、地理标志以及本法规定的其他事项和其他登记在斯里兰卡和其他国家之间创设互惠权利和义务的任何国际或区域公约、条约或协议。❶

法院，指根据宪法第 154P 条设立，根据 1996 年第 10 号省高等法院法（特别规定）第 2 条在公报上发布的命令被赋予民事管辖权的省高等法院，如果诉讼中的一方或多方被告在该高等法院所在省居住或案由在该高等法院所在省产生或寻求履行的合同在该高等法院所在省订立，则归该省高等法院管辖；如果所在省均未设立此类高等法院或未被赋予此类民事管辖权的，则指派由"西部省高等法院"管辖。

---

❶ 根据斯里兰卡 2022 年第 8 号法第 15 条予以修正。

转基因生物，指表现出其在自然情况下无法获得的特征的生物体，该特征是通过人类直接干预其基因组成而获得的。

第 213 条　不一致时以僧伽罗语文本为准❶

本法的僧伽罗语文本和泰米尔语文本之间有不一致时，以僧伽罗语文本为准。

---

❶ 根据斯里兰卡 2008 年第 7 号法第 3 条、2021 年第 8 号法第 4 条和 2022 年第 8 号法第 16 条均以 2003 年第 36 号法第 213 条予以重申。